野の記憶

人と暮らしの原像

佐々木哲哉
Sasaki Tetsuya

弦書房

はじめに

「野」は「ノ」とも「ヤ」とも読む。

『野の記憶』は、在野の研究者が、野歩きの中で、気づいたこと、感じたこと、記録に留めておきたいことを拾い集めて収録した、〝研究余滴〟とでもいうべきものである。

「野歩き」は書斎や研究室での「文庫作業」に対する「野外調査」を指していう。一般にはフィールドワーク。今でこそ研究室を出て現地調査に赴くのはごくあたりまえのことになっているが、その草分けは柳田国男の民俗学における「野歩き」であると言っていい。各地の研究者、在野の人々の野歩きによって採集された民間伝承が、柳田の主宰する「民間伝承の会」に報告され、そこで整理・分類が施され、体系化された。「野歩きの学」は民俗学の体質そのものである。

柳田学に触発されて民間伝承の調査を始めたのが一九五六（昭和三十一）年であるから、すでに五十年が経過した。

近代以後の民間伝承の変容には三つの段階があった。最初が明治末期の資本主義体制確立期、次が日中戦争から第二次世界大戦へと続いた戦中・戦後、そして「戦後は終わった」に始まる高度経済成長期である。

近代産業革命を経て資本主義体制の確立した明治末期（一九〇〇年代初頭）までは、江戸時代からの前近代的な慣行習俗の残照が残っていた。私が民間伝承の聞き取り調査を始めた一九五〇年代から六〇年代後半までは、まだ「明治」を知るお年寄りがご存命だった。その後、年を追うごとにお年寄りの世代が新しくなり、ついには「大正」すら聞けなくなってきた。ちなみに、ムラで大人として一人前に認められ社会生活に参加できるのは、数え年十六歳の若者組・娘組加入の時からである。大正初年生まれではムラ社会への参加が昭和期になる。「十年遅かったよ。あの爺さんが生きとったら詳しい話が聞けとったに」が、やがて「二十年遅かったよ」になってきた。「昭和」も初期の話になると、戦争が大きく影響してくる。満州事変以後の戦時体制下にムラの青壮年層が召集されて空白期が生じている。一九八〇（昭和五十五）年ごろ対馬での聞き取り調査で、お婆ちゃんたちが言った。「じっちゃんたち（爺さんたち）はムラのことはなーんも知らんもんな。戦争に行っとったけん」。

戦時中には食料不足から、それまで厳格に守り続けられてきた祭り座の献立も簡素化され、祭りや行事で男が中心になっていたものが中断されたり、消滅したりした。

戦後復興期には、農地改革による地主制の崩壊と小作農の自立で、村落構造に変化が生じた。そこへ今度は高度経済成長の波である。一九六〇年代を中心とする日本の高度経済成長は、世界に類を見ない速度で進み、短期間に日本を世界屈指の経済大国へと押し上げた。

開発の波は至るところで自然の景観を変貌させ、青年層を中心とする人口の都市流出が、農山漁村の地域共同体の弱体化と都市の肥大化を招き、第一次産業人口が減少し、第三次産業人口が急増した。こうした社会構造の変化は、必然的に生活様式や人々の意識の上に大きな影響をもたらせ、伝統的な民間伝承を次々と変容させ消滅させていった。

日本の民俗は長い歴史の中で変容を重ねてきている。しかし、資本主義体制確立以後の一世紀、なかんずく高度経済成長期以後の四十年そこそこの変容は目を覆うばかりである。その過程で消え去ったもの、失われたものの中には、日本人にとってかけがえのないものも含まれていた筈である。かつて柳田国男がその側近の人たちに語ったという。

「何が、失われたものの中でもっとも大切なものであったのか、何が、新しく生まれてきたものの中で美しいものであるのか。いつもそのことを考えてゆきたい」。

「新しく生まれてきたものの中での美しいもの」は、まだそれを見極めるだけの歴史過程を経ていない。「失われたものの中での大切であったもの」については見極めがつきそうである。「自然との共存」、「大地への還元」「神々への祈りと感謝」「共同体の生活」、いくつかのキーワードが浮かんでくる。

近代工業勃興以前の生活は、自然の恩恵に頼り、大地の恵みによって育まれてきた。自然は時として人間に過酷な試練を与える。人はそれから逃れる術《すべ》を持たない。神々にすがるか、弱いもの同士が肩を寄せ合って生きてゆくしかない。人間は本来弱いもの、脆いもの、そのことを人間自身がもっともよく知っていた。科学文明の進歩がいつしかそれを忘れさせてしまった。自然を制御できるという錯覚が、人間を尊大にさせてしまった。

現代社会に現れている豊かさの中での歪《ひず》みを見るにつけ、貧しさ中にも自然の懐に抱かれながら生きてきた人々の心の温もりに、人間の原像を見る思いがする。

野の記憶／人と暮らしの原像◉目次

装丁　毛利一枝

第一章　野越え山越え

歩く、見る、知る

どうやら車社会に背を向けたままで一生を終えそうだと思い始めたのは、還暦を過ぎた頃からだった。

「道はゆっくり歩くべし」。フィールドワーク（野外調査）で農山村を訪れた時にいつも思うことだった。一つのムラから次のムラへ、野道をテクテク歩いていると、車ならうっかり見過ごしてしまいそうなことに気付くことが多い。路傍の庚申塔《こうしんとう》を一つ一つ注意しながら見ていると、きっとどこかで初めて見る様式に行き当たることがある。石造六地蔵の後ろに回ってみて、ハッとするような古い年号に出くわしたこともあった。石造物・石塔に刻まれている碑文から教えられること、ヒントを与えられることもしばしばあった。民家の屋根に風変わりな棟置物《むねおきもの》を見ると楽しくなる。鈍行の功徳である。

戦時中に、学校教練や軍隊の演習で、十二里行軍というのをさせられたのはいい経験だった。徒歩で一里（約四キロメートル）はほぼ一時間、一日の行程は約十里、連日ともなれば余力を残して七、八里が無難なところ、というのが、人間の行動範囲を考える基準になった。フィールドワークの計画も、よくそれから割り出したものだった。

一年中でもっとも贅《ぜい》を尽くす祭りの献立に、ブエンモノ（無塩物＝鮮魚）が用いられていた範囲は、海浜からほぼ十里、それから奥地になると祭帳《まつりちょう》の献立て記載も「浜焼」か「塩魚」になる。冷蔵輸送の方法を知らなかった時代、祭り当番が魚を買いに行って鮮度を落とさずに持って帰られる距離を考えれば納得できることであった。

谷間《あい》のムラで習俗の聞き取りをしていたら、ヨバイの話になった。夜の八時頃にムラを出て、尾根を越えて向こうの谷のムラまで三時間、先方で二時間を過ごして帰り着くのが午前四時、秣小屋《まぐさ》でひと眠りしたあと、夜明けとともに牛を連れて草刈りに行き、一荷を刈って何くわぬ顔で朝餉《あさげ》の膳に着いたという。あとになって明治初期の戸籍簿を調べてみると、山の尾根に隔てられた村どうしの通婚圏が明瞭な形で浮かび上がっていた。

恋するものの執念にあやかってみようと、夏のある日、その道を歩いてみた。行くほどに道は狭くなり、峠の近くはケモノ道。汗みどろで目的地にたどりついて、時計を見るとピッタリ三時間を経過していた。馴れた道とはいえ、これを夜中に越えていたとはと、そのエネルギーに恐れ入ったものだった。

帝釈寺峠より佐田谷を望む

山があろうと川があろうと、とにかく直進していたらしい。古道を歩いてみていつもそう思う。

北部九州は彦山詣りの盛んなところで、筑前・筑後・肥前・肥後・豊前・豊後各方面からの参詣路があって、〝導者往還《どうじゃおうかん》〟と呼ばれていた。西側からの参詣路の一つ、福岡県甘木市（現、朝倉市）三奈木から朝倉郡小石原村（現、東峰村小石原）へと通じる道は、途中、標高二六〇メートルの帝釈寺峠を越える。峠の入り口に当たる「坂の下」の集落には、古い茶店の店構えを残した家が散見されて、往時の盛況を偲ばせている。かなり急な勾配を登って峠に着くと彦山三所権現を祀ったお堂があって、里人はこれを〝遥拝所〟と呼んでいる。それから先の峠を下る道は茅に覆われ、人の歩みを阻《はば》んでいた。眼下には明治三十六年に開通した山麓を迂回する道が白く光っていて、いやおうなしに時の流れを感じさせられたが、三奈木から真西に直進する峠越しの道に比べると、迂回路は優に倍以上の距離になっていた。

同じ彦山参詣路の江川谷で、「塔ノ瀬行けば八瀬渡る、こうばし（はったい粉）喰えばむせわたる」ということばを聞いた。小石原の手前の塔ノ瀬に通じる江川谷を通る時には、瀬を八つ渡らねばならないというのである。古い絵図を見ると、うねうねと蛇行する川をよぎってまっすぐに道が描かれていた。橋の描かれていないところを見ると、飛び石伝いに川瀬を渡っていたのであろう。ちなみに現在の道路は、川の流れに沿って崖を切り削《そ》いで作られた、曲がりくねった迂回路である。

野越え山越え直進するだけでなく、歩きながらその距離をさえ計っていたのではないかと思われたのは、鎌倉時代に四境七里といわれていた彦山神領の範囲を地図の上で確かめていた時のことである。彦山を中心に直径七里（約二八キロメートル）で円を描いて見ると、東限・西限はややはみ出しているものの、北限と南限がきっちりとその円周上に位置していた。あまりの見事さに驚かされた。同時に人間が大地を踏みしめて歩くことのたくましさを、改めて思い知らされた。

時には車があったらと思うこともある。しかし、車で送り迎えをしてもらった時と、自分の足で目的地まで行った時とでは、得るところに違いがある。いうなれば、線（ときには面）の調査と点の調査の違いであろうか。いまだに歩くことに未練を持ちつづけている所以でもある。

地名が語りかける

以前、わたしの住んでいる町の広報紙に、〝お尋ね〟として「役場の近くに『さんりきゅうばし』

という名の橋があるのですが、この橋の由来をご存じのかたはありませんか」という記事が載っていた。橋柱に刻まれている文字はたいていが平仮名で、古くからのその土地の呼び名がそのまま残っているものである。「たぶん『散使給橋』でしょう。筑前地方では、江戸時代から明治初期にかけての村役で、庄屋・組頭のほかに、村の記録を帳簿に書き記す書記を務め、お触れを村内に伝達して廻る『散使』という役があって、「サジさん」とか「シフ（使夫）さん」とか呼ばれ、親しまれていました。おそらく、「さんりきゅう」は「さんじきゅう」のなまりで、むかし、この橋のそばに散使の給田（給料として与える田）があったことを示しているものと思われます」とハガキを出したら次号で取り上げて感謝された。

橋の名だけでなく、バス停の標示の中にもときどきそれと気付かせられる地名がある。農村を走るバスに揺られながら、なにげなく通り過ぎる停留所の名を追っていたとき、「仙道」とあるのが目についた。この地方で農村の古文書に出てくる「せんどう」は、「先頭」とか「仙頭」の文字が当てられていて、中世地主層の流れをくむムラの支配層をさす古い呼称である。おそらく「仙道」は、以前そこに「せんどう」の屋敷があった場所ということなのであろう。別の場所で、同じくバス停に「地下」というのがあって、「じげ」と車内アナウンスがあった。「じげ」も地方語では自分たちの住んでいる集落をいう時に使われる。ここがこの村で最初にできた集落、つまり本村だったのかな、と思いつつ通り過ぎた。のんびりと走る田舎のバスで窓外を眺めているときの余得である。

歩いているともっといいことがある。かつて豊前修験道の拠点であった彦山の神領を調査していたときのことである。鎌倉時代の彦山文書には神領の範囲を「七里結界《けっかい》」と呼び、その四至《しいし》（東西

「方司口」は「宝珠口」だった

南北の境界）が記されているが、南限の一つに「豊後国日田郡大肥里」というのがある。「大肥《おおひ》」の地名は現存していて、地図で見るとJR日田彦山線の大鶴駅付近にあたる。彦山から直線距離でほぼ三里半（約一四キロメートル）、どこかに彦山神領の境界を示すきめ手となるものがないものかと、そのあたりを尋ね歩いてみたが、それらしきものが得られなかった。

ついでのことに日田彦山線の久大線に接続する夜明駅まで歩いてみようと、谷川沿いの道を下り始めたとき、「方司口」とあるバス停が目についた。なにやら意味ありげなと思いつつ、四、五十メートルほど行き過ぎたとき、ふと神の啓示にも似たものが頭を過《よ》ぎった。この谷の上流にある村が宝珠山村。村の名は、谷の行き着くところ、彦山から釈迦岳トンネルを通り抜けてすぐの、筑前岩屋駅近くにある岩屋権現の御神体が宝珠石であるというところから出ている。興味深いのは、『彦山権現垂迹《すいじゃく》縁起』に、彦山権現が垂迹のときに「八角の高さ三尺六寸の水精石」で示現したとあることで、考えようによれば、彦山権現の最初に垂迹をみた場所がこの岩屋権現ではなかったかということにもなる。そうした彦山との深いかかわりから、幾度かこの地を訪れているうちに、私自身、いつのまにか土地の人のことばに出てくる「ほうしやま（宝珠山）」という発音が身についていた。「神の啓示にも似た」とはこのことだった。「方司口」は「宝珠口」だったのである。宝珠口なら宝珠山村岩屋権現神域の入り口、そしてさらにその奥の、釈迦岳を越えたところに位置する彦山権現の神領の入り口ともつながる。たった一つのバス停の標示が、探し求めていたものに答えを出してくれていた。

「〇〇口」という地名から思いがけず古い時代の交通路が浮かび上がってくることがある。彦山の野峠から耶馬渓への道を下りかけたところに、浄瑠璃の「彦山権現誓助剣《ちかいのすけだち》」で知られる毛谷村があって、その先に「川原口」と呼ぶ集落がある。毛谷村の古老から、昔この村にいたという木地師《きじし》の話を聞いていたときのことであった。「この村を通る道を〝小倉往還〟とか〝宇佐往還〟とか呼んどりました」という古老の言葉で、ふと思い当たったのが小倉三萩野の近くのバス停「香春口《かわらぐち》」である。

香春は福岡県田川郡香春町、古く小倉から太宰府へと通じていた田川道の中心部に位置する。それまで小倉三萩野の香春口はその田川道の入り口とばかり思っていた。ところがこの毛谷村を通る道を〝小倉往還〟〝宇佐往還〟と聞くに及んで、小倉から彦山越しに宇佐へと通じる道のあったことを知った。地図で見ると、小倉からの道が香春で右折して西に太宰府へ向かう道と、そのまま南下して彦山へ向かう道とに分かれている。彦山野峠から毛谷村を過ぎて東南に山国谷を下ると耶馬渓から宇佐への最短通路になっている。

そしてその道の宇佐寄りのところに「川原口」がある。はるか隔たったところにある二つの「かわらぐち」をこの小倉往還・宇佐往還でつないでみると、小倉三萩野の香春口が宇佐往還の入り口、耶馬渓道の途中にある「川原口」が宇佐から香春を通って小倉へと通じる小倉往還を示す「香春口」であったことに気付かせられる。地名を漢字表記だけで解釈するのはこわいことだと思った。

「はじめにことばありき」である。

消えゆく運搬具

映画やテレビの時代劇で駕籠《かご》が出てくるたびに、なんと効率の悪い運び方があったものかと思う。人間一人を乗せて運ぶのに二人掛かりとはどう考えても非能率的である。表街道でも峠にかかると馬子が旅人を乗せた馬の手綱を曳いて行く。いかにも牧歌的な風景ではあるが、こちらは一人と一頭である。これらを見ていると、日本では近代に入るまで、人を運ぶのに車輪を付けた車がほとんど使われていなかったことに気がつく。もっとも平安朝の絵巻には貴人を乗せた牛車《ぎっしゃ》が出てくるが、それも都大路に限られ、ほどなく姿を消して、人が二人、あるいは四人掛かりで肩に担ぐ輿《こし》へと変わってしまっている。

以前、ヨーロッパを旅して帰った友人から、「日本とヨーロッパの伝統文化の違いに、円運動の利用がある」と聞いて、その言葉が強く印象に残っていた。日本でも在来からのものに、水車や轆《ろく》轤《ろ》、挽き臼など、円運動を利用した道具があるにはあった。しかし、人や物の運搬に車輪を利用することが著しく遅れていたことだけは確かである。

日本で車輛の発達しなかった理由に、物の運搬をもっぱら舟運に頼って来たことと、物を直接人や牛馬の身体に托して運ぶという運搬法に長らく依存して来たことがあげられる。そのことは、南北に細長く山坂の多い日本列島の地形的条件ともかかわっていた。周囲を海で取り囲まれていることが舟運を便にし、傾斜地の多いことが車輌による人や物の運搬を著しく妨げていたということである。

平安朝以来姿を消していた牛車が、土石や年貢米の運搬用として復活したのは、せいぜい遡っても江戸時代に入ってからのことであるが、それも京・大坂・江戸を中心とした都市部の平坦地に限られていた。大八車が現われたのは明暦三年（一六五七）一月、江戸で有名な振袖火事のあった時からで、焼け野が原と化した江戸市中の復旧工事にあたって造られたものという。大八車の名は、木挽町の牛車大工大八が製作したからとも、八人前の働きをするから付けられたとも言われている。

車輌運搬が都市に限られていたことを示すものに、安永五年（一七七六）、長崎と江戸との間を旅行したツンベリーの残した言葉がある。彼は日本の街道の整備されているのを激賞したあと、「尤も、この国では道路を破壊する馬車の用を知らないのだから…」と付け加えている。江戸末期まで主要幹線道路でさえ通る車輌のなかったことを物語っている。

陸地で車輌に頼らない運搬法となれば、必然的に人や牛馬の体に直接ものを托するか、そりに乗せて曳くしかないということになる。そのことが日本の地形に合った多様な運搬法と運搬具を生み出すことにもなっている。人力による運搬では、頭上に支える、手で抱える、手や腰に提げる、背負う、肩に担ぐ、荷なうなどが古くからあった一般的な方法で、それに合わせたさまざまな道具が工夫されていた。人力による運搬は筋力を使って荷重を支持しながら移動する方法であった。人間の筋力にはおのずから限界がある。そこで人間よりも強い筋力をもつ牛馬に頼ることになる。畜力運搬である。

ショイコ（背負子）とモッコ

農村で刈り取った稲束を運搬するのに、人力だと背負っても担いでもせいぜい二把ぐらいのもの。それを牛馬の背に乗せると六把は運べる。牛馬にそりを曳かせると、かなり急な坂道でも材木の運搬が可能になる。しかし、そうした畜力運搬にも限度がある。それでも頑固なほどに摩擦の少ない車輛による運搬へと移行することをしなかった。平野部の農村でも、肥料や収穫物の運搬に馬車、牛車や荷車を使うようになったのは近代に入ってからのことである。狭い農道や畦道のせいであった。

博物館の資料に運搬具を集めていてその多様さに驚かされる。桶、かご、ざる、モッコ、フゴ、担い棒（天秤棒や先のとがったオオコ）などは、提げる、担ぐ、荷なう時の道具。荷縄、背負い紐、背中当て、背負子、背負い籠などは物を背負うとき、畜力運搬には荷鞍、曳き綱、そり等々。平坦な道、狭い畦道、傾斜のある山道、それぞれの地形にあわせて荷重と筋力の釣り合いがとれるように、長時間の運搬に耐えられるように、道具には工夫が凝らされている。厳しい環境に生きて行く中から生まれた生活の知恵がにじみ出ており、その効率の悪さを忘れさせる不思議な魅力を持っている。

こうした道具を収集しながら、せめてこれが三十年早かったらと思うことしばしばである。高度経済成長期に入り、日本列島の隅々にまで道路の整備が進んできたのを境に、車輛運搬にその座を譲った在来の運搬具は急速に姿を消してしまった。労せずして一度に大量の人や物資を、しかも迅速に運搬できる道路網の完備と車社会の出現は、「便利になった」の一語に尽きる。しかし、その裏で、〝消えゆく運搬具〟に深い哀惜を抱かせられているというのもいつわらざる実感である。

路傍の神と仏たち

中年にはよく猿の話をさせられた。毎回少しずつ内容を換えながら最後はどうしても庚申信仰の話になる。民間信仰のうちで庚申信仰ほど内容の多彩なものも少ない。庚申様は豊作の神、牛馬の守り神、厄除けの神、盗難除けの神、疱瘡除けの神、道中安全の神、家内繁昌の神、夫婦和合の神、良縁をもたらす神、安産の神、子供の守り神、幸運をもたらす神等々。まさに民間信仰のプールである。

六十一日目に回ってくる庚申《かのえさる》の日に、グループごとに回り番で座元を決めて集まり、床の間に庚申の御神号（庚申尊天・猿田彦大神など）や猿田彦神・青面金剛《しょうめんこんごう》の画像を掛けて、六十一個の団子や七色菓子を供えてお勤めをし、飲食を共にしながら雑談で一夜を明かす庚申講は、戦前までは至る所で行なわれていた。徹夜はしないまでも、今でも各地に残っていて、「話は庚申の晩に」と言っている。オコシンサマとかコウシンサマとか呼んでいるが、猿田彦神・青面金剛のほかに道祖神・塞《さや》の神までが同一視され、各所に庚申塔が建てられている。

　庚申塔のある場所は道の辻、村の入り口、集落の中心部、神社の鳥居脇など、これまた至る所で見かける。自然石に庚申尊天（庚申、庚申天）、猿田彦大神（申田毘古神）から幸神、道祖神、岐神《ちまた》（八岐神）、塞神《さやのかみ》、興玉神、土公《どく》神などの文字を刻んだものもあれば、切り石に青面金剛、猿田彦神、三猿（見ざる・聞かざる・言わざる）、日月、鶏などの画像を刻んだものなど、像容もまたさまざまである。路傍の石造物に魅せられ、それをくまなく調べ歩くことに執念を燃やす人々の集まりが、「庚申懇話会」という全国的な組織にまでなったのもむべなるかなである。

　猿の話をということで、庚申塔の写真をあれこれ眺めているうちに、ふと思い当たることがあった。青面金剛の像の下に描かれている「三猿」を見てのことである。これまで、「見ざる、聞かざる、言わざる」の三猿は、処世術のように解釈されたり、伝教大師が仏教の瞑想法である「摩訶止《まかし》観《かん》」の三諦（空・仮・中）の教えを示したものであると言われたりしてきたが、ひょっとしたら三猿は「三尸《さんし》の虫」と関わりがあるのではないかということである。庚申の晩に寝ないで夜を明かすのは、人間の体内にいる三尸の虫が人の寝ている間に抜け出して、天帝に人間の犯した罪を告げるので、抜け出さないように起きて寝ずの番をするのだというように意味づけられてきた。道教の教えからきたものという。青面金剛は密教徒の用いた庚申様の御本尊だが、中味はどうも道教くさい。その青面金剛が三尸の虫に人間の犯した罪を「見るなよ、聞くなよ、言うなよ」と命じているのを、「三猿」の姿に置き換えたのではないか、そう思ったらなんだか楽しくなった。

　青面金剛の画像の中に、いかつい姿の青面金剛が左手で上半身裸体の女の髪の毛をつかんでいる

路傍の神と仏

㊧見ざる聞かざる言わざる（直方市の猿田神社）
㊤朝倉市秋月の六地蔵

㊤庚申塔（長崎街道で）
㊨恵比寿像（嘉穂郡内野）

ショケラを捕り押さえる青面金剛（個人蔵の掛軸より）

図柄のものがある。それをショケラと呼んで「ショケラよ　ショケラ　寝たと思って見に来たか　寝たれぞ寝ぬぞ　まだ目は寝ぬぞ」と呪文を唱えるところがある。ショケラは体内から抜け出そうとする「三尸の虫」なのである。それを庚申様（青面金剛）が捕り押さえているのである。なんとも愉快な発想である。いったい誰が？　こういうことに巡り合った時にいつもそう思う。

庚申信仰を広めたのは、どうやら伊勢の御師と天台の僧徒であるらしい。天孫降臨の道案内をしたのが猿田彦神。道中の災いを払う役割りを務めた神で、伊勢外宮の側に祀られている猿田彦神社は全国猿田彦神社の惣本社である。庚申様を猿田彦神としたのは神道側の所為《しょい》らしい。一方天台宗では比叡山山王権現の神使が猿である。申に結び付けやすい。「庚申尊天」とあるほうが天台の徒の所為と見られる。

いずれにしても、宗教家がそれぞれの布教活動を行う際にはさまざまなセールスポイントを設ける。布教者個人が作り出す場合もある。そのとき、その場その場に応じて、人々の願いに応じたものをその崇拝対象の功徳として宣伝する。庚申信仰の内容が多彩になったのは、それだけ多くの唱導者（布教者）が全国を経巡《へめぐ》り歩いたということを示していよう。

旧道を歩きながら、ふと、この辺りには恵比寿様の石像や祠が多いなと気づくことがある。たいていが昔の宿場町であったり、昔から市の開かれていた商業地域である。左手に鯛を抱えたふくよかな御姿の恵比寿像が安置されている。恵比寿様を宿場の守り神、商売繁昌の神に仕立てたのは、ほかならぬ摂津西宮夷社の神人たちである。それが漁村にゆくと大漁祈願の神となる。鯛を抱えた恵比寿像のほかに、恵比寿様は海から訪れる神として、海中から採れた変わった形の石を祠に納めている場合もある。例えば縄を綯《な》ったようにねじれた石である。

路傍の地蔵様は大きくわけて二通り。立像・座像の単体のものと、六地蔵である。六地蔵は六道いずこにも現われて衆生を救済するといわれ、一つの石に六体を並べて彫っているのもあれば、丸い石塔の上部にぐるりと六体を彫り巡らせているものもある。信仰も地獄の業苦からの救済、延命・長寿・子育て等さまざまである。

そのほか、お堂に収められているお稲荷様、観音様、薬師様、阿弥陀様など、路傍にはまだまだ数多くの神仏が長い歴史を秘めて残存している。それらの一つ一つを、それをもたらした唱導者たちの姿に思いをはせながら尋ねて回るのも楽しいことである。

第二章　大地の恵み

種籾と穀霊と

一年の農作業の始まり、苗代作りの時に山の草を刈って田に鋤き込む。カシキ（刈敷き）という。早春の野焼きをしたあとに芽生えた若草が緑肥となる。カシキは山の神の依代《よりしろ》ともいう。春、山の神が里に下って田の神となり、稲の収穫が終わると山に帰って山の神になる、という発想にはロマンがある。

鋤《す》き返した苗代田に水を入れて畔塗《あぜぬ》りをし、モウガ（馬耙）で念入りに代掻きをして土を細かくならし、平鍬で表面を平らにして短冊型に畝《うね》を拵え種籾を蒔く。種籾は前年の稲刈りの時によく出来た穂を選んでセンバ（千歯）で扱《こ》ぎ、乾燥させた籾《もみ》をカマスか俵に入れ、ニワ（土間）の梁の上に棚を設けて載せるか、天井から縄で吊るすかして保存して置く。鼠の害を防ぐため棚や縄に杉の枝を刺していた。

苗代種蒔きは五月中旬（旧暦四月上・中旬）頃。その前に種浸《か》しをする。種池をさらえ塩を振って清め、水を満たして品種別に分けた種俵を入れ、十日から二週間ほど浸す。天気のよい日を選んで引き上げ、カド（外庭）にムシロを被せて置き、籾から白い芽ののぞく頃、俵から出して苗代に蒔く。品種名を記した苗印《なえじるし》を立て、籾殻を焼いた灰を振りかけ、種籾が浮かない程度に水を入れる。

苗代が終わると家々で赤飯を蒸し、全部が終わったところで、隣近所が弁当持ち寄りでお宮に集まり〝苗代籠もり〟をする。種籾の残りを炒った焼米にユズリハ、モロムキを添え、それぞれの田の水口《みなくち》に榊の小枝を挿して供える。

前年の収穫から俵の中で眠っていた種籾が蘇り、苗が芽生えると、新しい年の稔りへの期待が膨らむ。苗代作りから種浸《か》し、種蒔き、苗代籠もり、水口まつりへと続く一連の苗代儀礼には、稲の霊魂再生への祈りが籠められている。

種籾に穀霊が宿るという意識は、奥能登のアエノコトや、対馬豆酘《つつ》の〝赤米神事《あかごめしんじ》〟にそれが見られる。

石川県奥能登の農家では、十二月五日（もとは旧暦十一月五日）、種俵を床の間に供えて榊を挿し、裃《かみしも》姿で扇子《せんす》を手にしたその家の主人が苗代田まで田の神を迎えに行く。家によって饗応のしかたが異なるが、タノカンサア（田の神様）にねぎらいの言葉をかけながら、風呂に招じ入れたり、饗膳の一品一品に説明を加えながら食べて貰うしぐさをしたりする。アエノコトは「饗《あえ》のこと」で、その年の収穫を感謝して田の神をもてなす儀礼であるが、床の間の種俵に依代の榊を立てるところ

奥能登のアエノコト

に種籾を穀霊とみなす意識が覗かれている。明けて正月九日（今は二月）にも同様のもてなしをして苗代田まで田の神を送り、三度鍬入れ（正月田打ち）をするが、種蒔き後の穀霊再生と新しい年の豊穣への期待をこめた〝予祝儀礼〟である。

長崎県対馬市厳原町豆酘には古代米の赤米栽培を継承している〝トウ（当、頭）仲間〟と呼ぶ信仰集団がある。古くは四つあったのが、現在では一つだけになっている。十一戸のトウ仲間が輪番に〝受けトウ〟となって一年間神田の耕作に当たるが、旧暦正月十日の深夜に当番を引継ぐ〝トウ受け〟が行われる。前年に神田耕作をして種籾を保管していたトウの家から、次の年の〝受けトウ〟の家に種俵が移される。種俵はそれまでトウの家で、座敷の天井に取り付けたサルカンと呼ぶ綱で吊るされ、俵の両側にネズミ藻を挿し込み、竹筒に入れた海水を毎日振りかけ、ご神体（穀霊）として祀られて来たものである。〝トウ受け〟は、トウ仲間によって天井から種俵が下ろされ、一人がこ

対馬の赤米神事（天井に吊るされた種俵がご神体）

れを背負い、一同行列を作って〝受けトウ〟の家まで〝神渡り〟をする。〝受けトウ〟の家に着くと、種俵は用意された座敷の天井のサルカンに吊るされ、これまでのトウと〝受けトウ〟との間で〝受け取り渡し〟が行われ、一年間の役目を終えたトウは〝晴れトウ〟となる。

以後、〝受けトウ〟が赤米のご神体を祀る。旧暦四月になると田植えの四十五日前にご神体の種俵は天井から下ろされ、種籾は新調の樽で種浸しをして苗代田に蒔かれる。田植え後は、収穫まで〝受けトウ〟が神田の耕作を受け持つ。赤米の収穫は旧暦十月、穂から籾を落とし、精選した種籾を俵に詰め、十月十七日、新しくご神体として〝受けトウ〟の座敷の天井のサルカンに吊るされる。〝お吊りまし〟といい、翌年旧暦正月十日深夜の〝トウ受け〟まで祀ら

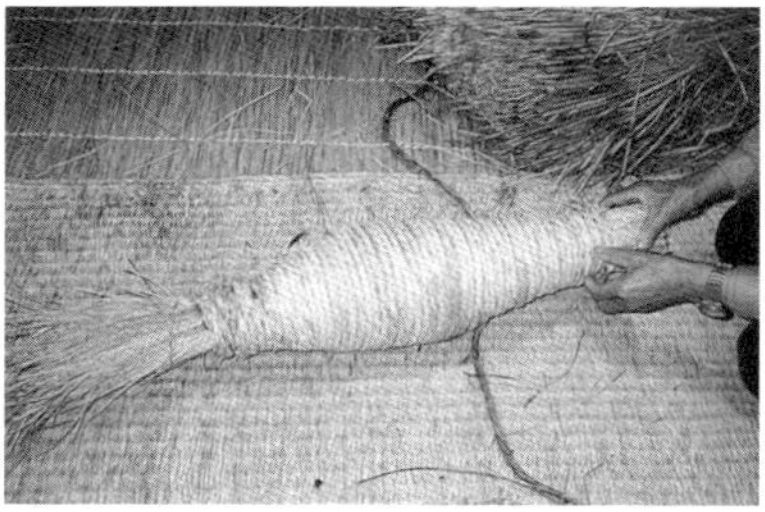

黒川高木神社の御ホシ様（朝倉市）

れ、ご神体（穀霊）は次の〝受けトウ〟の家に引継がれる。

厳粛なかに整然とした流れを持った穀霊継承の儀礼である。しかもそれが古代米の〝赤米神事〟であるだけに、「稲には穀霊が宿る」という意識が稲作農業の原初的なものであったことを窺わせている。

収穫祭の祭座（宮座）で、神田に蒔く種籾の引継ぎをする穀霊継承儀礼は、福岡県内でも田川郡猪膝町村（現在田川市猪国）や朝倉郡小石原村（宝珠山村と合併して東峰村）その他で見られていたがいずれも消滅している。

各家の場合も、現在では殆どの家が農協を通じて種籾を購入し、苗代田も作らなくなっているので、種籾を他の籾と区別して丁重に保存するといったような穀霊の意識も薄れているが、一昔前までは、正月に小ぶりの鏡餅を種俵に供える風習が各地に残っていた。

穀霊継承儀礼には、種籾のほかに、収穫祭で神饌として供えた新穀を、次の年の神饌に混ぜて引継ぐという形のものがある。その典型的なものが甘木市（現、朝倉市）黒川高木神社の宮座に見られる。宮座は神に供物を捧げて祈願・感謝を籠める形式の村祭で、神饌がもっとも重要な意味を持っている。

黒川高木神社宮座の神饌は、神酒、懸鯛《かけだい》、粢《しとぎ》（三膳）、散米（白米一升三合）、八角膳に供えた柿・栗・沓型餅・熟飯御供（十五台）、御供米（五合）、御ホシ米（一升四合）という豪華なもので、このうち〝御ホシ米〟が穀霊となる。他の神饌は直会のあと、参列者が持ち帰るが、御ホシ米は他の宮座用品とともに次の年の座元（来当）へ引継がれる。来当では御ホシ米を土器《かわらけ》に取ってもう一枚の土器で蓋をし、美濃紙で幾重にも包んで一合枡ほどの大きさの木箱に入れ、分厚く編んだ藁苞《わらづと》に納めてその上を小縄で幾重にも間断なく巻く。出来上がった〝御ホシ包み〟をさらに藁で包んで硬く縛り、集落にある神社の神木に括り付け、雨が洩らないように上から藁トビを被せて置く。こうして一年後、宮座の前の御供蒸しの時に〝御ホシ包み〟を下ろして、中の御ホシ米をその年に収穫した新穀に混ぜて蒸し、神饌の中心となる八角膳の熟飯御供にする。種籾が米に変わっただけで、これもまさしく〝穀霊繋ぎ〟にあたる。これに類した例は、宗像市平等寺にもある。

農業の機械化によって、手作りの苗代や田植え作業が姿を消した。それとともに、大地から生まれたものを大地に還元して再生させるという自然の摂理が、現代人の感覚から消えつつあることに、一抹の不安と危惧を抱かせられている。

田の神様と山の神

タノカンサア

神はこの世には姿を現さない。人の目には触れられない。それ故にこそ「神秘」なのである。ところが薩摩のタノカンサア（田の神様）は石像で人前に姿を現している。旧島津藩領（薩摩・大

薩摩のタノカンサア

隅、日向の一部）では、水田のほとりや山裾に素朴な田の神の石像を見る。

鹿児島民俗学会の泰斗、小野重朗さんの調査では、野外に立つ大きなものが千三百体、水田のほとりにあって田の神講の時に宿を回る小さなのが二百体、古いものでは宝永（一七〇四～一一）年号が二体、正徳（一七一一～一六）年号が三体あるという。

一般的な形は甑《こしき》の底に敷く藁製の蓑《みの》を頭に被り、手には飯杓子・椀・スリコギなどを持ち、田植え仕事姿の立像として刻まれ、顔は笑顔か翁の顔。小野さんは、神楽の中の田の神舞を模しているという。さらに、古い創始期の田の神石像には大日如来・地蔵の仏像や衣冠束帯に笏《しゃく》を持った神像があることから、田の神石像が仏像や神像として始まり、それが田の神舞の姿を刻んで庶民化したと推測している。仏像・神像は本来姿のないものを崇拝対象として具象化したものである。

田の神講はムラ内をいくつかの講組に分けて宿を順回しにする。旧暦二月と十一月初丑の日。亥の日のところもある。田のほとりから田の神像を宿に迎え、顔に米の粉を練って化粧を施し、新米で搗《つ》いた餅を藁苞に入れて背負わせ、講員がその前で酒を酌み交わし、小豆の粒餡をまぶした餅を腹一杯食べる。

田の神石像で面白いのは、〝田の神オットイ〟といって田の神を盗む習俗のあることである。田の神を持たないムラが、他のムラの田の神を盗み出してくる。田の神は盗まれるのを好むといい、盗んだムラは豊作になるという。屈強の若者が夜の闇にまぎれて荷車や担い棒で盗みに行く。盗んできた田の神は山の中に隠して祀り、数年たったら返却する。その時は田の神を車に載せ、米俵や餅・酒を添え、三味線・太鼓ではやしながら送る。盗まれた方も知らせを受けると途中まで迎えに行き、受け取りの宴をもつ。なんとものどかでユーモラスな田の神講である。

タノカンサアが姿を現さない、厳粛そのものの〝田の神まつり〟は、前に取り上げた奥能登の〝アエノコト〟がその典型である。

ウシドン

鹿児島の小野重朗さんから「福岡の田の神まつりを見たい」と連絡があって、福岡市西区（現、早良区）脇山のウシドンにお付き合いをした。

福岡でも筑前の田の神まつりは、ウシドンまたはウシマツリといって、旧暦二月と十一月の初丑の日に行われ、二月を〝出ウシ〟、十一月を〝入りウシ〟という。二月は田の神を家にお迎えし、供物を捧げて田に送り出し、十一月は収穫の終わった後、田から家へお帰りいただき、供物を供えてお送りをする。牛が田の神の乗り物ということでウシドン。丑の日が選ばれている。

小野さんをご案内したのが〝二月丑どん〟。前もってお願いしていたお宅に前日から泊めていた

福岡市早良区脇山のウシドン

だいた。

早朝午前四時すぎから餅を搗《つ》く杵の音。「田の神さんは餅搗きの音を聞いて天から降りてござらっしゃる」という。搗き上がった餅を捏《こ》ねて一升枡に八分目ほど入れる。「いっぱい入れると田の神様が怠けさっしゃる」という。ニワの荒神様の前に新筵を敷いて臼を据え、箕《み》の開いた方を外に向けて載せ、正面に荒神様の花立に挿した榊、真中に餅を入れた枡、周りに尾頭付の魚・大根なます・塩・神酒・お潮井（浜砂）を供えて灯明をあげる。お供えが終わると、夫婦が筵の上にひざまづいて、しばらく田の神様に手を合わせ、家の外へと送り出す。夫婦の敬虔な祈りが印象的だった。

〝十一月丑どん〟は稲刈り後、夕刻に餅を搗き、二月と同様の供物を供えるが、異なるのは、枡に溢れるほど餅を入れること、臼に載せる箕を家の内側に向け、田に刈り残した十二把（閏年は十三把）の稲束を家の主人がオオコに刺して「重い、重い」と言いながら持ち帰ったものを箕の手前に掛け渡すことである。一年の収穫を感謝して田の神を家に迎え入れ、おもてなしをしてお送り申し上げるという意識がうかがわれる。

福岡県苅田町のオトンボシ

オトンボシ

豊前では英彦山修験道系の求菩提山《くぼてさん》、松尾山《まつのをさん》、檜原山《ひばるさん》、普智山等覚寺《ふちさんとかくじ》などに〝お田植え祭り〟が伝わっている。もとは旧暦二月、神前で田打ち、畦塗り、代掻き、種蒔き、田植えと、一連の田植えの所作を演じる。田植えが順調に終わり豊作へと繋がることを念じる〝予祝神事〟である。このうち等覚寺のお田植え祭りで主役を勤めるのがオトンボシと呼ばれる道化役である。最初にその年の祭り当番の施主が種蒔きをし、次いで、数人が〝田打ち唄〟を歌いながら鍬で田打ちの所作をし、オトンボシの登場となる。絣模様の上衣に股引、手拭いで頬被りをして、鍬、鎌、馬杷《まぐわ》、苗籠を手にしている。

「オトンボシ　牛はおらんか」と三回。見物人が「牛はおらんよ」。「さてさて気の毒なことよのう。この広八丁に牛がおらんとは」とオトンボシ。道具をその場に置いて、「さてさて畦《あぜ》切りでも始めるか」と畦切りをする。鎌が蜂の巣に当たって蜂がたかるのを追い払う仕草。畦切りがすむと鍬で水止めと畦塗りをする。やがて天を仰ぎ、「日もまだ高いし、しばらく寝るか」と畦で横になる。いびきをかき、ハエやアブを払う。やがて目を覚まし、馬杷を抱えて「オトンボウシ、牛はおらんか」。「おるよ」と見物人。「四王子が荒谷に、笹草食うて、松葉食うて、瓢箪のごと、肥えまんぶくれてぬらぬらしちょる」「そりゃ、よう飼うたのう。追うて来い。ずらずらやってしまおうや」とオトンボシ。馬杷を取って代掻きの仕草をして退場する。とぼけたやり取りにあたりが和む。

ところでこのオトンボシ。古老もその意味が判らない。となるとどうしても知りたくなる。民俗語彙集から方言辞典をあさって見るがどれにも見当たらない。半ばあきらめかけていたころ、別件で『京都《みやこ》郡誌』を繰っていたとき、大正十三年頃の、等覚寺を校区とする小学校からの報告に「とうぼうし」とあるのが目に飛び込んできた。オトンボシの敬称「オ」をはずせばトンボシ。胸躍らせて柳田国男の『分類農村語彙』を開いて見た。「トボシ＝九州地方の北西部だけは、案山子《かかし》をトウボシ又はトボシと謂ふ（佐賀、平戸）。」とあった。この中に等覚寺を加えるのは容易である。その目で見れば等覚寺のオトンボシの衣態はまさしくカカシである。

連想が広がるが、長野県では、旧十月十日の十日夜《とうかんや》という刈上げの行事にカカシアゲといって、田から持ち帰ったカカシを庭先に立て、臼と枡を置いて餅を供える行事がある。南安曇地方ではカカシが田の守りを終えて山に帰るといっている。春、山の神が里に下って田の神になり、秋、山に帰って山の神になるという信仰は全国的なものである。等覚寺のオトンボシは山の神の依代のカカシ、里に下ってきた田の神だったのである。

田植えと物忌み

陰暦五月には「サ」のつくことばが多い。

月の異名からしてサツキ（皐月）、五月に降る雨をサミダレ（五月雨）、苗代から本田に移し植える苗をサナエ（早苗）、田植えをする娘をサオトメ（早乙女）、田植え終いの慰労宴をサナブリ（またはサナボリ）。

「サ」は「田の神」を意味すると指摘したのは折口信夫。国語学者の中には「サ」はサシ（挿し）の語幹だとして反論するむきもあるが、田植え始めをサオリ、田植え終いをサノボリ、サオリは「田の神が田に降りられる」こと、サノボリは「田植えを終えた田の神が田から上られる」こと、という解釈には説得力がある。サノボリがサナブリ・サナボリと訛って、「早苗饗《ぶ》り」などの宛て字までが現れるのは、民間伝承によくあることである。

田植えの時、田に入るのを許されるのは女だけ。民俗の聞き取り調査で必ず出てくるのが、「植え手は女、男は田植え前の本田作り（田犂《す》き、代掻き、畔塗り）と、苗代からの苗運び、田植え綱張りだけ」という答えである。つまり、田の中に入り、田の神のもたらした苗（サナエ）を植えることのできるのは、巫女《みこ》として神に仕える資格を与えられた女（サオトメ）だけであった。初潮をみた女の子が〝田植えギモン（着物）〟を新調してもらうという話も各地で聞く。サオトメになる時に着るハレ着である。筑後地方では田植え後に嫁が里帰りをするのを〝泥落とし〟という。田の泥が身体についているのはサオトメとなった証《あかし》で、〝泥落とし〟はハレの状態からケの姿に戻るのを

昭和13年ごろの共同田植え

意味している。サナブリの日に子供たちが道行く女の人に水鉄砲で水をかける風習も各地で見られる。これも〝泥落とし〟を意味していよう。「サ」が田の神であることを示す決定打がサクラである。農耕開始を前に、爛漫と咲き誇る桜花の下に〝神座（サクラ）〟をしつらえて田の神を迎え、新しい年の豊穣を祈って饗宴を催す。春の盛りに田の神をもてなす座がサクラ、そして、田の神のいます月がサツキ。そこには日本人の生活と季節感が共鳴し合っている。

　恩師池田弥三郎先生の「雨の詩《うた》・恋の唄」は、長雨の降り続く田植え前の〝物忌み（潔斎）〟について説かれた、私にとっては民俗学への開眼ともなった講義であった。

　現代歌謡曲の恋の唄に雨を詠み込んだものが多いということを切り口に、江戸小唄を経て平安朝の歌謡にまで遡り、「そこに雨の文学の一つの頂点を見出すことができる」と、雨の民俗文学は遠く平安朝において文学にまで昇華していたことを指摘された。以下、その要旨。

五月雨はもの思うことぞまさりける　長雨の中に眺めくれつつ
ながめには袖さえぬれぬ五月雨に　下り立つ田子の裳《も》すそならねど

右の二首は「古今集」に見える和泉式部の歌である。「長雨」と「眺め」の同音異義語は平安朝の歌謡にしばしば用いられる技法である。長雨は判るにしても、眺めの解釈にはいま少し用例が必要であろう。（数多くあげられた例の中から一つだけ紹介しておく）

花の色は移りにけりないたずらに　わが身よにふるながめせしまに

人も知る小野小町の歌。同音異義語は「経《ふ》る」と「古《ふる》」。「花のかんばせもいつしか色褪せてしまったことよ。いたずらに生きながらえて〃ながめ〃をしていたあいだに」。「ながめ」がこの歌の意を解くかぎであるが、「男女関係」とすればさらりと解ける。自分の生活は、かつては恋に溺れきっていたこともあった。しかしそうした時が過ぎてから、その男との交渉も絶えて久しい。そして今は人のさわぎたてる若さも失われ、相手をしてくれる男もなくなってしまった、という嘆きと満たされぬ思いがこめられた歌である。

この「ながめ」を前の和泉式部の歌にあてはめて見ると次のようになる。

「五月雨の頃は何かともの想いにふけることが多い。今日も一日中長雨の中であの方のことを想い続けて過ごしてしまった」
「あの方のことを想うとつい涙で袖が濡れてしまう。五月雨の田に降り立つ田植え人の濡れた着物の裾ではないが」

平安歌謡に頻出するこの「長雨」と「眺め」の連想を、折口先生は「眺めの文学」と名付け、その発想のもとに〝雨慎み〟の民俗を指摘している。日本列島は雨季に入ると一斉に田植えが始まる。田の神の発動を願う前に、人々は〝物忌み籠り〟に入る。女は男を近付けない。男も女のもとに通うことを許されない。厳重な禁欲の斎戒である。五月雨の中で味わう満たされぬ性欲の悶々たる想い。そうした〝雨慎み〟の民俗感覚の文芸化されたのが「眺め」なのだ。「ながむ」という語は、長雨の降り続く時期の物忌み、「ながめいみ」の下部が省略された語であるというのが折口説である。「ながめ」は今一つ前の古事記にも出てくる。

宮廷の行事には、意外なほど宮廷がまだたんなる農村生活の中心だった頃の行事に、その起源を見るべきものが多い。これが池田説の概要である。

この田植え前の〝物忌み籠り〟に出会ったのが四十年近く前のこと。佐賀県基山町の荒穂神社は、旧基肄《きい》郡の惣社で、社名からして農耕守護神。その荒穂神社の年中諸祭に、旧暦五月一日から七日間にわたる斎祭《いみまつり》というのがある。最初はユミマツリと聞こえたので、北部九州に多い吉凶占いの弓射行事かと思ったが、よくよく聞いてみると、物忌みのイミマツリであることが判った。

「斎祭の間は田に牛を入れてはならないことになっているので、田が犂《す》けずに困った」という古老の言葉は、裏を返せば、田植え前の七日間は、田の神に仕えるための厳重な〝物忌み籠り〟の期間で、仕事をせず、ひたすら潔斎をしなければならないことを意味している。あまりの古風さに絶句したが、同時に、折口・池田両先生の指摘された〝雨慎み〟が、現代の民俗の中に生きているのを知って、その学恩の深さに改めて脱帽した。

ＮＨＫ教育テレビの「ふるさとの伝承」で、広島県千代田町の花田植えが紹介された。タイトルが「泥の田んぼは晴舞台」。美しく飾った牛が田犂きをする。晴れ着に赤い襷《たすき》、手甲・脚絆、新しい手拭いに田植え笠を被ったサオトメがサナエを植える。男たちがそれを取り巻くように畔に並んで、笛・太鼓を伴奏に、サンバイと呼ぶ音頭取りが、手にしたササラを打ち鳴らしながら田植唄を歌う。ササラは細い竹を並べて上に紐を通し、引いたり緩めたりして音を出す楽器、田植唄や田楽にだけ用いられる。

田の神様を田んぼに迎えての田植えは、それまでひたすら精進潔斎を続けてきたものにのみ許されたハレの舞台であることを、強く印象づけられた映像であった。

土を育てる

一九八七（昭和六十二）年二月に放映されたＮＨＫ特集「椎葉・山物語」は、標高一三〇〇メートルの山々に囲まれた辺境で、山の斜面にへばりつくようにして暮らしている宮崎県椎葉村の人々の生活を、克明に描いた秀作であった。中でも焼畑耕作と猪狩は貴重な映像で、猪狩は柳田国男が一九〇九（明治四十二）年、記録と伝聞をもとに著した民俗関係最初の著作『後狩詞記《のちのかりことばのき》』がそのまま再現されており、焼畑は稲作以前の古い農耕の有りようを髣髴《ほうふつ》とさせるものがあった。見終わったあと、ふと浮かんだのが、「自然との共存」、「大地への還元」というキーワードだった。猪狩も焼畑も山の神の懐に抱かれて営まれていた。猪狩では人と犬とが一体化し、主役を務めた犬が猪の牙で命を落とすと山の神（コウザキ様）のもとに埋められ、大地に還元される。

焼畑は四、五月ごろ雑木の生い茂った山の斜面に火を入れる。類焼を防ぐためあらかじめ防火帯を設け、蛇や虫けらその他の生き物に立ち退きを告げて、「山の神様、火の神様、火の余らぬよう、あとが残らぬよう、お守り給うれ」と祈りことばを唱えて火を点《つ》ける。山を焼いたあと、翌日に蕎《そ》麦《ば》の種を蒔く。その時にも豊かな実りを願う祈りことばを唱える。蕎麦は成長が早く七十五日目の夕食に間に合うという。収穫後の茎や莢《さや》は焼いて灰にして畠に撒く。二年目には稗《ひえ》、三年目には小豆、四年目に大豆という順で輪作をすると、焼畑は別の斜面に移る。もとの斜面は雑木・雑草が生い茂り腐葉土によって地力《ちりょく》が回復するのを待つ。椎葉では〝コバサク〟と呼ぶが、大地の恵みを受けながら自然との共生を図る合理的な農法である。

焼畑耕作は、一九四〇年代まではさまざまな形で全国各地に見られていたが、人工造林が進むにつれて消滅したところが多い。

みはるかす野焼きの山に春雲の
はだれはだれに影を映しつ

戦後結婚して初めて妻の里を訪れた時に見た山焼きの、新鮮な印象が今でも甦ってくる。早春の山焼きは、そのあとに萌え出る若草を刈って苗代田の緑肥にする。カシキと呼ぶ。民俗学者は春の若草を山の神の依代《よりしろ》に見立て、里に迎えて苗代田に鋤き込み、田の神になってもらうと意味づけている。

レンゲ草も緑肥になる。一九四〇年代の筑紫平野は、春になると一斉に緋色・黄色・緑色の毛氈《もうせん》を敷き詰めたようになっていた。緋の毛氈はレンゲの花、黄色は菜の花、緑は麦畑だった。麦と菜種は二毛作水田の裏作として栽培され、レンゲ草は裏作を休む田に種を蒔いて成長させ、本田作りの際に緑肥として田に鋤き込む。一年裏作を休んで地力を回復させるのも、焼畑の循環と同じく、自然から得た土を育てる知恵で、三色の毛氈は毎年順番にその場所を移動していた。

苗代から本田作りの間は、麦刈りにカラシ切り（菜種刈り）も加わってあわただしかった。切り株は本田作りの時に鋤《す》き込まれる。麦は持ち帰って脱穀・調整されるが、菜種は畠に筵《むしろ》を敷き、干して叩いて実と莢を選別する。選別されたあとの茎や莢は高く積んで焼く。壮大な炎を上げ、煙をたなびかせて燃える「菜殻火《ながらび》」は筑紫平野を彩る風物詩だった。菜種は明治の後期以降、福岡県が全国一の産地だったので、筑紫野の菜殻火は俳句の季語にもなっている。

車窓暮れ菜殻焼く火の来ては去る　素逝
菜殻火に刻々消ゆる高嶺かな　朱鳥

現在の西鉄大牟田線（もとの九州軌道）の車窓風景であるが、沿線の都市化が進む以前には、電車が高宮駅を過ぎる辺りから、車窓に鮮やかな三色の毛氈が広がっていた。

農家では、麦刈りから本田作り、田植え・田の草取りと続く農繁期を経て、盆前からは毎日のように草刈りに出かけていた。朝の暗いうちから起き、牛を連れて川や堤の土手、ムラで共有の原野などに行き、夏草を刈る。一回に六把、午前中に三回、午後に二回往復すれば日も西に傾く。田の草取りに劣らぬつらい作業だったという。刈ってきた草は納屋に積んで牛馬の飼料にする。

牛馬を飼育する厩舎の敷き藁は、「寝牛立馬」と言われて牛には寝心地のよい稲藁を、馬には硬い麦藁を使った。その上に刈り草を撒いて食べさせるが、食べ残りは敷き藁とともに牛馬に踏ませ、糞尿にまみれたのをマヤンコエ（厩肥）として掻き出し、新しい敷き藁と取替える。掻き出したマヤンコエはハイヤ（堆肥小屋）に入れて、家庭の生ごみや燃え滓《かす》、風呂や炊事の溜まり水を掛けながら積み立てる。コエタテ（肥立て）という。十分に腐熟した堆肥は、冬までの間に数回キリカエシ（反転させ）、屑《くず》のようになって、素手でつかんで施肥できるツカミゴエとなったのを、稲刈りの終わった田に撒き、ノウカブ（稲株）と一緒に鋤いて麦畠の元肥にする。

満州からの大豆粕、北海漁場からのニシン（魚肥）が入るようになったのは明治後期。それ以前の田畠の肥料は、堆肥のほか、下肥《しもごえ》（人糞尿）や鶏糞・焼灰・牡蠣《かき》殻《がら》などが中心だった。

下肥は麦畠の追肥や野菜畠に多用されたが、自家のもので不足する農家は、町の商家や炭坑住宅などに薪や野菜を持参して肥汲みに行った。決まった家にあらかじめ契約をして、正月に餅や米を届けることもあった。汲み取った下肥は田圃の隅に粘土と漆喰《しっくい》の肥溜《こえだ》め（ドツボ）を作って蓄え腐熟させた。表面に白くカビが生えると、耕地との見分けがつかなくなり、田の畦で遊んでいた子供が落ち込むこともしばしばあった。戦後もしばらくは下肥の使用が続いていたが、非衛生ということで、その姿も消えてしまった。

長い歴史を持つ日本の農耕生産の中に、「良農は土を作る」ということばがあった。地力を付けることが、大地から新しい生命を生み出す最大の要件だった。元肥によって地力をつけ、追肥によって作物の成長を促す。自給自足を原則に、すべての廃物・排泄物を自然に還元することで循環をはかっていた生活の知恵が、こよなく尊いものであったとの思いを新たにさせられる。

第三章　暮らしの歳時記

往く年、来る年

冬の最中《さなか》に来る年賀状に、「初春のお喜び申し上げます」とあるのにも、さして抵抗を感じなくなった。それだけ新暦正月元日が定着したということか。

太陽暦（新暦）の採用は明治五（一八七二）年。十二月二日をもって明治五年が終わり、翌三日が六年の一月一日となった。民間ではそれまで長く、農村における大陰暦（旧暦）にあわせた農事暦を基準に生活が営まれてきただけに、旧暦から新暦への移行には種々の違和感や不都合が生じ、新暦が定着するまでにはかなりの年数を要している。

福岡県築上郡椎田町（現、築上町椎田）の古老が語ってくれた。

「『シンジいけ、シンジいけ、ちいうけんど、キュウキュウいうてん生きちょりてえ』と言っとったげな」。新と死、旧と窮を引っ掛けて「新で行け、死んで往け、と言うけれど、旧々（窮々）言っても生きていたい」という皮肉である。

昭和に入ってからでも、正月行事のように旧暦の月日を直接新暦に移行させたもののほかに、旧暦の月日をそのまま受け継いだもの（中秋の名月など）、旧暦の行事を一ヶ月遅れの新暦で行うようにしたもの（盆・おくんちなど）の三通りに使い分けて来た。

そうした中で、正月行事は役所や学校などの関係から、比較的早く新暦で行なわれるようになったが、元日だけは旧正月がかなり遅くまで残っていた。厄年の人が旧正月に餅を搗いて〝年取り直し〟をしたり、〝寒の餅〟と呼んで旧正月の方にたくさん餅を搗いた。餅搗きは〝苦の餅〟といって二十九日を避け、十二月の二十八日か三十日に搗くことになっていたが、旧暦だと大寒の終わりにあたる。その数日後が立春である。

立春が旧暦正月元日に近いことから「初春のお喜び……」が生まれた。また、立春の前日にあたる節分は、文字通り〝季節の分かれ目〟、つまり冬から春へ移る日であり、一年の境目でもある。太陽の運行の関係で旧暦正月元日が必ずしも立春にはならないが、節分の行事には除夜の感覚が見られる。密教寺院で除夜に行なっていた追儺《ついな》の行事は、室町期に民間では節分の豆まきになっている。柊《ひいらぎ》に鰯の頭を刺して戸口に取り付ける、かまどでトベラの葉を燃やして悪臭をたてる、などは豆まきと同じ疫神を払う行為。ホウロクに月の数だけ大豆を入れてイロリにかけ、豆の焦げかたで翌年の吉凶を占う〝豆占い〟も除夜の行事であった。

一年の境目は、暦が一般に知識化されてからでも三つの段階があった。一つは節分と立春、次が旧暦の大晦日と元日、そして現在の新暦大晦日と元日である。

　そこで、暦を知らなかった時代は、ということになる。目安は月の盈虚《えいきょ》（満ち欠け）や太陽の運行ではなかったろうか。朔日《ついたち》は〝月立ち〟といいながら実際の月は目に映らない。むしろ満月の方が目立つだけに、満月を新しい月の始まりと考える方が自然である。暦を使うようになってからも、朔旦《さくたん》正月↓大正月より、望《もち》の正月↓小正月の方に古い形の正月行事が残っていた。各地でドンド焼きなどと呼ばれている十四日の火焚き行事も除夜行事の一つ、秋田のナマハゲや北部九州のトヘトヘ（問へ問へ）などは歳神の来訪を象《かたど》ったもの。「かゆ」は、神社で行われている「粥《かゆ》占い」でのかゆの炊き方を注意して見ていると、とろ火で時間をかけて炊いているうちに、米粒が見えなくなって「もち」状になる。どうやら、「かゆ」は大正月の「もち」よりもいま一つ古いハレの食品ではなかったかと思われてくる。経験的に知っていた農耕開始時期の前にある満月の日を年の初めと考えたとしても決しておかしくはない。

　太陽の運行で冬から春への境目にあたるのが冬至。太陽が南に位置し、一年のうちで最も昼が短くなる日は、暦がなくても影の長さでわかった。「冬至を過ぎると畳の目一つずつ日差しが長くなる」と言っていた。これを万物を育む太陽の力が衰えたと判断する。そこでその再生を願う行事が行われる。霜月下弦の月がほぼその時期に当たるが、各地で〝霜月神楽〟が奉納される。それらが、農耕を守ってくれる神々の復活を願い、一陽来復の祈りを籠めたまつりとすれば、これまた一年の境目の意識と考えられる。冬至の夜に弘法大師が村にやってきて奇跡を起こしたという伝説は、不思議なほど各地に広がっている。この時期に祖神を招き、来る年の豊穣を祈願する習俗のあったことがうかがわれる。

正月と盆は一年を二つに分けて行なわれる先祖祭りであったのが、仏教の盂蘭盆会が普及してから、正月は歳神祭《としがみ》り、盆は仏教の先祖供養に分かれてしまった。

歳神は新しい年に幸せをもたらしてくれる神であるのと同時に、「稔」が「とし」とも読めることから稲の稔りをもたらしてくれる神としても受け入れられた。

神は祭りのときだけに招かれて異界から訪れる。除夜に歳神の来訪を象った行事のあったことはさきにも述べた。訪れる神を迎える儀礼の最もよく残っているのが正月行事である。

正月の準備に取りかかる、いわゆる「正月事始め」は、どうやら十二月十三日のナタナゲだったようである。暮れの十三日は奉公人の年季開けの日で、正月用の焚き木を山から伐って来るのを奉公終《じま》いとしていたのでナタナゲと呼んだ。この日から正月用の米を精《しら》げていた。暮れの二十六、七日ごろ、家の内外の煤払いをし、注連縄《しめなわ》を張り、門松を立てる。必ず餅搗きの前に行なわれる。歳神を迎えるための清浄な空間を作るのが煤払いで、一年中のイロリ、カマドの煤にまみれた梁《はり》や天井を笹竹で払い、神棚、荒神様、カマドの掃除には特に新しい藁を束ねた箒《ほうき》を用いる。そうして清浄にした空間を外界と限るのが注連縄。モチ藁を叩いて柔らかくし、塩水を振って左綯《な》いに綯う。家の周りに張り巡らすのが本来の姿だった。訪れる神を迎える依代《よりしろ》として立てるのが門松。古くは庭先に常盤《ときわ》木の松を立てて、根元に盛り砂をしていた。

歳神を迎える準備の整ったところで、神への供物と饗宴のための餅搗きをする。神への供物が〝お飾り〟と呼ぶ鏡餅で床の間に飾る。神棚・仏壇には小餅二つ一重ね、荒神様には小餅三つを一重ね、そのほか井戸神、納戸神などにも小餅を供えるが、イナヤの種籾俵や種籾を格納するトビツ（戸櫃）にも鏡餅を供える。〝稔神〟への供物である。かつて北九州市の一部に、箕の中に大餅を置き、周りを十二個（閏年は十三個）の小餅で囲んだ〝御魂飯《みたまめし》〟を供えるところがあった。正月先祖祭りの名残である。

除夜の晩、一晩中いろりに松葉などを焚いて悪霊を払うところ、一家揃って〝歳取り餅〟を食べて祝うところ、神棚、仏壇、荒神様から井戸端、炊事場、厠《かわや》、廊下などに、大根の輪切りに真中をえぐって種油を入れ、燈芯《とうしん》に火を灯したオヒカリをあげていたところ、除夜の行事もさまざまである。

大晦日の記憶で忘れられないのが、福岡市南部のある農家で、キド（門）からカドグチ（玄関）にかけて、幅一尺ほどの川砂が敷かれていたことである。正月様の通り道である。

「正月様ござった　どこからござった」という童唄が浮かんできた。

元日は若水汲みから始まる。訪れた歳神をもてなすために身を清浄にする儀礼か。一家揃って屠《と》蘇《そ》を戴き、雑煮を食べる。神に捧げたものを神とともに戴く〝相嘗《あいな》め〟、神人共食の饗宴である。神人共食によって、神の力が身に付くと信じられていた。

何気なく行なっている年末・年始の行事ではあるが、往く年来る年に寄せる人々の想いの中に、意外と古い時代の習俗が尾を引いているのを見出すことができる。

小正月の粥

粥《かゆ》はもともとがれっきとしたハレの日の食品だった。陰暦正月十五日、小正月の日の粥にまつわる習俗の広がりを見ていてそう思う。もっとも最近では小正月そのものがわれわれの生活感覚から消え去ろうとしているが、小正月に粥を食べるという習慣は戦後もしばらくは続いていた。

大正月の荒神様に供えた餅を小さく切って小豆粥にまぜて食べるのを、北部九州では一般にダンダラガユとかドンドロガユとか呼んでいた。餅を入れるのでモチガユだと言っているが、十五日の〝望《もち》の粥〟であることはいうまでもない。

注目したいのは、小正月の粥が全国的な習俗であったことで、柳田国男編の『歳時習俗語彙』には各地の事例をあげた中で、「粥は今日最もありふれた食物であるが、正式にこれを供すべき日は限られていて、いずれも年内の最も重要な節日《せちび》である。さうして又この正月十五日のやうに、全国一律なる粥の日もまれなのである。」と述べられている。正月十五日をカユゼックと呼び、この日に始めて粥を食べるのでカユゾメ、小豆の色に染まっているのでソメガユ、事例はさまざまである。それらを眺めているうち、おのずと大正月は餅、小正月は粥、という図式が浮かび上がってくる。

正月十五日の粥は文献的にも古く、『枕草子』には「もちがゆのせく（節供）まゐる」と、望の日の粥供えを記したあと、宮中の廊下を歩く女房の尻を〝かゆの木〟で叩いて戯れる風のあったことが記されている。かゆの木は粥を炊くときに掻きまぜる木の棒のことで、民間ではカユヅエともカユカキボウともいう。ダラ、柳、ヌルデなどの柔らかい材質の木が用いられた。

筑紫神社（筑紫野市）の粥占

おもしろいのはこのカユカキボウが一種の呪具《じゅぐ》として用いられていたことで、一方の先端が削り掛けになっているものが見かけられる。それを粥に浸して、米粒のついた状態を稲の稔りに見立てたものであろう。各地でカイダレ、ホンダルサマ、ホダレなどと呼んでいる。ホダレは「穂垂れ」で、稲の穂がたわわに稔って垂れることを期待する予祝の意味がある。ホダレが稲の孕《はら》みを願う呪法なら、『枕草子』のかゆの木で女の尻を叩くのも、同じく子産めに通じる生殖の呪法である。この習俗もしばらく前までは各地に残っていて、カユカキボウのことを、ヨメタタキボウ、イワイボウのほか、ハラメンボウ、コッパラ（子孕め）などと呼び、正月十五日をハラミゼックといっていたところもある。福岡県春日市小倉の〝ヨメゴの尻叩き〟も、今はわらを束ねたものを用いているが、古い形はカユカキボウではなかったろうか。

小正月の粥には、繁殖を願う予祝のほかに、今一つト占《ぼくせん》の要素があって、カユダメシ、カユウラナイなどと呼ばれる行事がある。家庭で行なうものと神社の神事とが見られるが、家庭のものは、さきのホダレのときの米粒のつき具合によって豊作か凶作かを占ったり、粥を炊くときに稲の品種を書いた細い竹筒を中に入れておいて、筒に入った米粒の量で占ったりしていた。神社の神事では、小正月の朝、神前に供えた粥を、半月または一ト月後に下ろして、表面のカビの生え具合でその年の吉凶を占うという形が共通している。福岡市の飯盛神社や油山正覚寺（龍樹権現）、筑紫野市の筑紫神社などのそれが著名で、筑後川流域の神社にも分布している。

大正月と小正月の行事を比べる中で、小正月のほうに来訪神を象ったものや、予祝、ト占など、農耕に関連した古い信仰的要素を含んだ行事の見られることは、これまでにもしばしば指摘されてきた。大正月はむしろ公式行事の民間への流入で、それ以前に民間では立春の後の満月の日を年始めとしていたことが充分考えられる。望《もち》の正月である。そして、その日に訪れてくる歳神《としがみ》にさしあげる供物が粥ではなかったろうか。さきの「もちがゆのせくまゐる」がそれを示している。だとすれば、粥は餅よりも今一つ古いハレの食品ではなかったかとさえ思われてくる。

ハレの食品と言えばすぐに浮かんでくるのが、餅、だんご、まんじゅう、それに赤飯である。神に供える食品であるから、普段の食物よりもその調製にもう一つ手を加えたり、色を付けたりする。食物におけるハレとケの違いは、いうなればその調製に要する労力の差であった。粥の場合はどうであろうか。

先ごろ福岡市の飯盛神社の粥占《かゆうら》を見に行って、中世に遡りうるかと思われるような古い粥の炊き方を見た。炊き始めから炊き上がりまで実に五時間、浄衣を身にまとった氏子がとろ火を調節しながら間断なく釜の中を掻きまぜる。しまいには米の粒がなくなって粥は完全な餅状となる。寸分の隙もない神に捧げる食品の調製であった。炊き上がった粥が金鉢に盛られ、氏子と神職の手で神殿の奥に供えられるのを見ながら改めて思った。

粥はまごうかたなくハレの食品であったと。

ダブリュウとカワントン

ダブリュウということばを初めて聞いたのは、福岡県甘木市（現、朝倉市）江川で、県営ダム水没地の民俗調査をしていたときのこと。

水神祭りのことだった。

「まさかウオーターの頭文字ではないでしょうね」と、同行のKさんがつぶやいた。Kさんは地元の高等学校の社会科の先生で専門は考古学。集落の小祠・石造物の調査を兼ねて、民間信仰の聞き取りを手伝っていただいていた。

民俗語彙には、えてして地元の人ですら意味のわからないことばがある。例えば、トヘトへとかホンゲンギョウとか。たいていは語源をさかのぼっていけばその意味にたどりつける。小正月の前夜に若者がムラの家々を回っては藁で作ったタワシや鍋取りを放り込み、カドグチに置いてある餅を持ち去るトヘトへは、古語の「問へ問へ」から。正月七日の火焚き行事ホンゲンギョウは、ホッ

若宮市宮田平の水神棚

ケンギョウともいい、密教寺院で修正会《しゅじょうえ》結願《けちがん》の日に行われていた法華滅罪《ほっけめつざい》の護摩焚《ごまだ》きの民間流入と考えられる。

ダブリュウの意味をつかむのにも、それほど時間を要しなかった。周辺地域を歩いているうち、水神祭りを「駄祭り」と呼び、川で牛馬を洗って水を汚すから、水神様へのお詫びに供え物をして浄めをすると言っているところがあった。ダブリュウは「駄祭り」から出ていることに気付いた。ダは駄、ブリュウはフリュウ（風流）の濁り。「風流」は、祭礼の中で、行列や舞曲や衣装にさまざまな趣向を凝らして華麗な彩りを添えたものをいうが、それが、ジンコウ（神幸）とかオギオン（お祇園）などと同じように、しばしば「祭り」の代名詞として用いられている。

水神祭りはムラで祀る水神社（ミズハノメノカミや貴船神）の祭りのほか、農耕儀礼で、苗代種蒔きのあと、それぞれの農家が自分の持ち田の取

水口に供え物をする水口祭《みなくちのまつり》と、ムラ内を流れる潅漑用水路を共用するクミの人たちが、川岸の取

水口に水神棚を設けて供物を供える川祭りとがある。川祭りは田植え前後の田に水を当てる時分と、

秋に田の水を落としたあとの二回。ダブリュウはこの川祭りの別称として、福岡県の筑前地方中南

部から筑後地方北部にかけて広がっている。

川祭りそのものは各地に満遍なく行き渡っており、水神様に対する初夏のお願立てと秋のお願成

就がきっちりと対応して、水稲耕作における水の潤沢な供給を願う農民の切実な祈りが反映されて

いる。もっとも最近ではどちらか一つになっているところも多いが。

共通しているのは、川岸に笹竹を立てて注連縄《しめなわ》を張り、竹で編んだ水神棚を取り付けて供物を供

えることで、神酒は真竹を一節切った竹筒に入れてイエの数だけ吊るす。供物は藁椀《わらわん》または藁苞《わらづと》に

握り飯を入れたもの、初夏のお願立てには必ず胡瓜《きゅうり》と茄子《なす》を付ける。胡瓜は水神様の好物だからと

いい、茄子も初物を供えて、季節の野菜を一番先に水神様に食べてもらうという。クミ内の者が集

まって水神様に祈りをこめ、水神棚の供物を川に流す。

地域によって水神棚の形や供物の種類に多少の違いがあるが、川祭りは、どう見ても、稲の成育

期間中に潅漑用水がつつがなく保たれるよう、水神様に祈願、感謝をこめる「水神祭り」そのもの

である。それを「駄祭り《だまつ》」と呼ぶはこれ如何《いか》に。答えはせいぜいさきの「川で牛馬を洗って水を汚

すから、水神様へのお詫びに供え物をして浄めをする」ぐらいのもの。水神と牛馬との関係がいま

一つすっきりしない。それがダブリュウとなるといよいよもって混沌《こんとん》とする。ムラの物知りが知恵

をしぼったあげく、「駄糞流」という宛て字を生み出したところさえある。

江川調査に先立って行なった、福岡県田川郡添田町津野の油木ダム水没地域緊急民俗調査のとき、夏の祭りに「水神牛馬祭り」というのがあった。初夏の水神祭り（川祭り）と一緒に、牛馬の安全祈願をしてきたという。田植え前の本田作りに、田鋤きや代掻《しろか》きで酷使されて疲労した牛馬が、夏の疫病にかからないよう、以前は英彦山から山伏を呼んで祈禱をしてもらっていたとのことで、「駄祈禱」という言葉も残っていた。津野は英彦山の山麓にあり、英彦山豊前坊の高住神社は、古くから牛馬の守護神として広い信仰を集めていた。

英彦山山伏の行動範囲は、筑前中南部から筑後地方一円に拡がっており、ダブリュウ地帯もその中に含まれている。「駄祭り」も「駄風流」も、あるいは、山伏の「駄祈禱」あたりからきた言い回しではなかったろうか。

想像を広げたついでにいま一つ。

津野にほど近い、田川市の伊加利地区では、六月の田植え前に行なう川祭りを「濁《にご》り祭り」と呼び、ムラ人が藁椀に入れた握り飯を持参して川岸へ行き、ムラ内の田の用水路の水口に供え、塩を撒いて浄め、お祓いをして回る。「濁り祭り」には、さきの「駄祭り」のときと同様、田植え前後は川で牛馬や農機具などの洗い物をして川を濁すので、浄めをして水神様にお詫びをするという意味付けがなされているが、用水路の水口に供物を供えて回るのは、田の水の潤いを水神様に期待する行為である。

ここまでは一般の川祭りとなんら変わりはないが、注意をひかれるのはこの祭りを「カワントントンまつり」と呼び、お祓いの終わったあと、子供たちが水口に供えた握り飯を貰って食べると、河童に引かれないという伝承のあることである。カワントン（川の殿）はこの地方での河童の呼び名である。

河童は川に住む精霊で、水神の零落した姿と言われているが、子供や馬を川に引きずり込んだり、田畑を荒らしたり、人に恐れられる属性を持つ反面、馬を引っ張り込もうとして失敗するなど、間抜けないたずら者という側面もあり、愛敬のある妖怪として、数多くの河童話で人々に親しまれている。なかでも、子供や馬を川に引きずり込んで、尻子玉や肝を抜こうとする話はもっとも多く語られている。「川のトントンまつり」はそうした河童話を受けて、子どもの水難防止を水神様に祈るという意識がのぞいている。

牛馬と水神との関わりについても、間に河童話を介してみると、意外な接近が見られる。柳田国男が『山島民譚集』に「河童駒引き」の項を設けて、河童が河原に繋いでいる馬を狙ったり、厩《うまや》の馬を襲う話を数多く取り上げているが、これらに目を通していると、理由はともあれ、「駄祭り」は牛馬安全を河童に託して水神様に祈っているのが、極めて自然な所為として受けとめられる。

そして、川祭りには、「ダブリュウ」という、どことなくユーモラスな響きを持ったことばが、もっともふさわしいもののように思われてくる。

七夕と盆

俳諧歳時記によれば七夕の季題は「秋」。ところが平成十年は北部九州の梅雨明けが七月六日で、七日は三十四度を超える真夏日だった。陰暦で行ってきた行事をそのまま陽暦に移行させたことによって生じた季節感のずれである。

単なる季節感ですめばいいが、七夕の習俗には陰暦七月でなければ解釈のつかない行事が多いので困る。

七夕は、七月七日の夜に鷲座の牽牛星と琴座の織女星とが天の河を渡って年に一度会合するという伝説と、この日に星まつりをして技芸の上達を願う「乞巧奠《きっこうてん》」の習俗が中国からわが国に伝わり、奈良時代以降、七夕節供が宮中行事として貴族の間で盛んに行われていたという。

今日《こんにち》、庭に笹竹を立て、これに短冊などをつるす七夕飾りが全国的に見られるが、この形が民間に普及したのはそう古いことではなく、おそらくは近世以降に寺子屋などを通じて広まったものと思われる。

これとは別に、もともとわが国には、外来語の七夕をタナバタと読むことからもうかがえるように、中国の習俗が伝来する以前から「棚機女《たなはたつめ》」の信仰があった。棚機女とは、水辺に棚を設け、その上で機を織りつつ神の訪れを待つ乙女のことで、『日本書紀』には木花之佐久夜毘売《このはなのさくやひめ》がそうした少女として描かれている。この民間信仰と乞巧奠とが結び付いたとも考えられる。

木花之佐久夜毘売が水辺に棚を設けて、機で訪れる神の衣を織ったということは、本来は七夕が水と関係の深い農耕儀礼の一つであったことを暗示している。

「七夕に瓜食わぬ」ということわざがあるが、昔話の「天人女房」から出たものである。羽衣説話に代表される天から下ってきた女房がもとの世界に戻って行く話で、妻を訪ねて天界に上った男が、瓜を縦割りに切ったところ水があふれ出て流され、川の両岸に妻と別れ別れになったのが七夕の日であったという類のものである。瓜は水分を多く含むために水との連想が強く、水神の依代にされたり、供物にされたりする。

そのほか、七夕に関する民間伝承には次のようなものがある。

・七夕洗いといってこの日は女が髪を洗い、すすぎものをする。油のついたもの、垢《あか》のついたものを洗うと、何でもよく汚れが落ちる。

・七夕の日には男が七度飯を食って、七度川で水浴をする。

・七夕の日に三粒でも雨が降るとその年は豊作。雨が降らぬと疫病がはやる。

・七夕の日には井戸浚《さら》えをする。

・七夕飾りをした笹はあとで必ず川に流す。

・七夕竹を畠に立てておくと虫除けになる。

・七夕竿といって、この日に竹を切って物干し竿を作る。七夕竿は洗濯物をウラ（穂先）からでも、オモテ（根元）からでも通していい。普段はウラから通すのは死人の着物だけ。

あとの二つを除けばすべて水との関わりのある伝承である。

七夕が陽暦七月では困るといったのは、盆との関わりからである。盆は現在各地で陽暦八月になっているところが多いが、本来は一年を折半して陰暦正月と七月の十五日に行われていた先祖祭りの一つ、七月のタママツリであった。仏教の盂蘭盆会《うらぼんえ》が民間に及んでから、正月が歳神まつり、七月が先祖供養、盂蘭盆会を略して盆と呼ぶようになった。その盆の入りが七月七日、七夕の日にあたっていた。星まつり、機織とは別個に、民間では七夕が盆行事の一環としての性格を持っていたということである。

さきの七夕の日には「男が水浴をする」とか、「井戸浚えをする」とかいう習俗は、祭りのなかでも特に重要な祖霊祭を行う前の、心身を浄める禊《みそぎ》を意味するものであったと考えられる。七夕に笹竹を立てるのも正月の門松と同じく、訪れる祖霊の依代としての意味をもっていよう。ちなみに、七夕竿が物干し竿のうちでも特別の意味を持っているのは、それがその年に生えたばかりの、まだ虫の入っていない新しい竹だからで、笹飾りにする笹竹もまた新竹だからこそ、依代にふさわしいといえよう。

陽暦八月盆になってからも、八月七日を七日盆、ボンハジメといって、墓道作りや墓地の草刈り、墓掃除をし、仏具磨きをするところが多い。陰暦に戻せば七月七日の七夕である。正月行事が、古い時代の、望（満月）の正月＝小正月から、朔旦正月＝大正月へと中心を移した中で、七日正月が、一面ではお飾りを下ろして燃やす〝大正月明け〟を意味しながら、一面では七草粥を炊くことで、〝粥節供〟の異名をもつ小正月の入りを示しているのと対応している。七夕は陽暦七月、盆は陽暦八月と切り離されたことによって、七夕と七日盆が全く別個なものとなり、今ではそのかかわりを考えることすら縁遠いものになってしまっている。

八朔のお節供

八朔《はっさく》は旧暦八月朔日《ついたち》の略称。〝八朔のお節供《せっく》〟ともいい、五節供に数えられていないが、民間に広く行き渡っていた節供日である。

筑後地方の民謡に、

　正月三日、盆二日、八朔節供はただ日して

というのがある。「日《ひ》して」は一日中のこと。したがってこの唄、「正月休みは三日間、盆は二日で八朔節供は一日の休み」と、八朔節供が正月・盆と並ぶハレの日であることを歌っている。

八朔の日に赤飯を炊き、餅を搗き、おはぎや饅頭を作って神棚に供え、仕事を休む、といった慣行は、広く各地に行き渡っている。まさしく節供日の行事である。ただし、それが何の節目にあたるのか、行事が錯綜していて、簡単には特定し難い。

例えば〝八朔のお籠り〟。旧暦八月朔日の近くに二百十日があるので、それが〝風止め籠り〟であることはすぐに思い当たるが、それだけで正月・盆に匹敵する節目《ふしめ》とするには、いささか内容的に見て根拠に乏しい。また、八朔の習俗の中に、この日から「奉公人の昼寝がなくなる」「夜なべ仕事が始まる」というのがあり、奉公人の苦衷をあらわした〝八朔の苦餅〟とか〝八朔の涙飯〟だとかの言葉まで残っているが、秋の夜長が始まるという感覚を示している。昼夜の長さが同じになり、夜長に向かうのは、暦の上では秋彼岸の中日、秋分である。それまでが八朔習俗の中に持ち込まれている。

そうした中で、八朔の日の早朝、農家でその家の主人が神棚にお供えをしたあと、酒を持参して自分の持ち田を回り、「ようでけた、ようでけた」と賞めことばを唱えながら、田に酒を注いで回るしきたりがある。「田ほめ」という。福岡市の周辺や嘉穂郡あたりで七夕に「田ほめ」をするところもあるが、どちらかと言えば例外的で、〝八朔の田ほめ〟のほうが県内一円に分布し、八朔行事のポイントになっている。

「八朔の頃になると稲の穂が膨らみ始める。その時に田の水を落とすと穂がグッと膨らみを増す」。三十年ほど前に朝倉郡夜須町（現、筑前町）の老婆が語ってくれたことばが、いまだに強烈な印象として残っている。〝穂孕み〟と〝水落とし〟。まごうかたなく稲作の節目である。暦の二十四節季七十二候で、陰暦七月の中《ちゅう》にあたる処暑の三候に、「禾乃登」（いねすなわちみのる）とある。処暑の三候は七月下旬、八朔の直前である。ようやく稲が孕み始めた時期に、「ようでけた、ようでけた」と、その言葉通りつつがなく豊かに稔ることを祈って、田に酒を注いで回る。予祝とか感染呪術とか呼ばれる〝作頼み〟の行為である。

よく似た行為で、豊前市山内に、早朝各戸で潮汲みに行き、青竹の筒（八朔竹と呼ぶ）に入れた潮水を氏神様に供えたのち、それぞれの田の水口に撒く、という事例がある。田の水落としに関係のある儀礼であることはいうまでもない。

田の水口に供物を供えたり、酒を注いだりする儀礼は、春の苗代作りのあとで行われることが多い。嘉穂郡や田川郡の遠賀川筋では、それを川べりの田の取水口で行い、「川まつり」「七瀬まつり」などと呼んでいる。

八朔のサゲモン（絵・祝部至善）

この苗代作りのあとで行う「水口まつり」「川まつり」が、これから先、稲の成育に欠かせない水の潤沢な供給を祈る水神様へのお願掛けであるとするならば、八朔のころの水落としに伴う儀礼は、お願成就を意味していよう。

つまり、八朔の習俗には〝作頼み〟と水神様への〝お願成就〟という二つの要素が含まれているということになる。「穂孕み」と「水落とし」という稲作の節目の行事、それが〝八朔のお節供〟であった。

八朔にはいま一つ、飾り物をして子供の初節供を祝うという習俗がある。これも「八朔のお節供」と呼んでいる。飾り物は筑前・筑後では七夕飾りに似た笹飾り、豊前地方では米の粉で作った糝粉細工《しんこざいく》のタノモ人形、豊前・筑前の境にある遠賀郡芦屋町では笹飾りに糝粉細工と八朔の藁馬がついている。

筑前・筑後の笹飾りは博多からの、芦屋町の糝粉細工と藁馬は瀬戸内の中国・四国筋からの伝播かと思われる。

博多の八朔節供は、男の子の初節供の祝いで、前の晩から笹竹に宝船・福良雀などの縁起物、渋《しぶ》団扇《うちわ》、大福帳、「八朔のお祝儀」と書いた短冊、菊、鯛、鮹《たこ》などの糝粉細工の菓子等々、さまざま

福岡県芦屋町の藁馬

なサゲモンを取り付けて床柱に結い付け、大きなイグリ（藁製のお櫃入れ）に子供を入れ、その下に据えて厄除けをする。「八朔は厄日じゃもんのう」、初節供を迎えた幼児をサゲモンの下に据えながら、その家の老婆がつぶやいた。

翌朝、笹飾りの一枝に、子供の名前を書いた団扇《うちわ》（八朔団扇）、または熨斗《のし》に、バケツ、ショウケ（ざる）などの台所用品を添えて、「この子をよろしく頼みます」と近所に配って回る。ムラの〝作頼み〟に対するマチの〝子頼み〟である。

福岡県芦屋町では初節供を迎える家で、前の日から男の子には藁馬、女の子には糝粉細工のダゴビイナ（団子雛）を沢山作って床の間に飾っておき、翌朝貰いに来た近所の子供に分けてやり、親戚、知人などには餅、饅頭に、男の子は馬、女の子は雛の絵を描いた熨斗を添え、「子供をよろしく頼みます」と言って配る。これも〝子頼み〟である。藁馬と糝粉細工は香川県、岡山県あたりで八朔馬、八朔人形として著名で、同じく子供の誕生祝いに配られている。

八朔にものを贈る風習は室町時代に公家・武家社会からあった。上司に「よろしく頼みます」と進物をするところから「憑《たの》みの節供」と呼ばれた。江戸時代の随筆『嬉遊笑覧』にはこのことが、「昔は米をお互い取り交わしていたのが、上流階級で品物を取り交わすようになった。憑みは田の実（米）から始まった」と記され、それが定説のようになってきた。憑《たの》み＝田の実説は時期的に見て一応うがった見方のようであるが、多分に語呂合わせ的で、私にはやはり「憑み」は〝作頼み〟から出たものと思われてしかたがない。

八朔は稲の穂孕みの時期、ようやく成長の兆しの見えたその時期が、台風の襲ってくる頻度の高い二百十日に近い。「八朔は厄日」という感覚が生まれる。そこで「田ほめ」をして、厄をまぬがれるように願う。それが町方では、産まれた子供が厄逃れをして無事に成長するように祈る行為となる。〝作頼み〟と〝子頼み〟、それが「八朔のお節供」だったのである。

第四章　共同体の温もり

同じ窯の湯

ムラの共同風呂に誘われた。昭和十八年の秋、福岡県三潴郡昭代村（現在柳川市）の学友の家に泊めてもらった時のこと。

友人とお姉さんとの三人連れで、タオルを入れた手桶を抱えて風呂小屋へ向かう道々、一面に広がる稲田が夕陽に赤く染まり、その中を筑後平野特有のホリ（堀）と呼ぶ潅漑用の水路が縦横に走っているのが、物珍しくもまた、幻想的な趣を湛《たた》えて眼に映じた。初めて目にした〝地平線の見える風景〟という印象が、いまだに鮮明な記憶として甦《よみがえ》ってくる。

風呂小屋は三坪そこそこ。手前が脱衣場の板の間で、奥が浴槽と洗い場になっていた。三、四人の先客があったが、屈託のない談笑が新参者を迎えても別に違和感を感じたふうにも見えなかった。

筑後平野のホリとヨシ

友人のお姉さんが一緒だったので予測はしていたものの、初めての混浴はやはり目のやり場に困った。浴槽に身体を沈めた時、うっすらと白く濁った湯の中から糠《ぬか》の香が漂ってきた。洗い場に目を移すと、女の人たちが糠袋を使っていた。ほんのりと染まった肌の色が美しかった。幼いころ母と一緒に風呂に入って、母が身体を石鹸で、顔を糠袋で洗っていたのを思い出した。フッと緊張がとけて、洗い場で友人と身体を並べ、談笑の仲間に加わることができた。

あとになって、農村の聞き取り調査で共同風呂の話が出るたびに、昭代村での経験が重なり合った。初めてで最後の直接体験だっただけに、詳しい記録を残して置きたいと思いつつ怠っているうちに、その時の友人も他界してしまった。ようやくこの頃になって、伝手《つて》を求め、最小限のことだけは聞き出せた。

まずは燃料。地平線が見えるほどの広い筑後平野では、集落の近くに薪取りの山がない。したがって風呂窯で焚く燃料は麦藁と堀に自生しているヨシ（葭）。風呂当番が調達していた。のちに佐賀県杵島《きしま》炭坑の石炭が使われるようになった。次が水。ホリの水を汲み上げ、樋を使って浴槽に注いでいたが、のちに井戸水を手押しポンプで汲み上げるようになったという。共同風呂が続いていたのは昭和三十年代後半までで、住宅改造によって各戸に内風呂が出来るようになってから自然消滅をみたという。

共同風呂の存在は各地の農村で確認されたが、筑後平野のような燃料と水の特殊事情を除けば、実態は各地とも大同小異であった。

福岡県宗像郡津屋崎町（現、福津市）在自《あらじ》の上妻保さん（明治三十四年生）が遺した筆録「安良之《あらじ》今昔物語」に、よくその雰囲気を伝えた記述が見られるので、やや長文になるが引用しておこう。

共同風呂は、椎の裏組（約二十戸）、中組（約三十戸）、新町組（約三十戸）の三ヵ所にあった。通称「風呂仲間」と称し、昭和四十五年ごろまで続いた。在自の村人の結束は共同風呂によって始まり、共同風呂によって変わったといっても過言ではない。それは裸と裸の触れ合いであり、見栄もなければ体裁もない、作り言葉もなくありのままだった。在自村全体が一家族のようであり、入浴に行けば世間のニュースが聞かれた。

乳児を連れて行くと誰でも乳児の世話をしてくれる。姑《しゅうとめ》のいない家の嫁などは、自分の着物を脱ぐ前に赤ちゃんだけ先に着物を脱がせると、誰かが手を差し伸べて待っている。湯から上がる時には嫁から先に上がり、着物を着た後に、赤ちゃんに着せる着物の準備が出来るまでは、女ならだれでも浴槽で赤ちゃんの世話をしてくれる。

どこそこには赤ちゃんが産まれた。今度は男の赤ちゃんで皆さん喜んでおられるとか、入浴に来る時に面白いまた珍しい話を持ってくる人もあり、よそにない、また発行しない、在自の新聞は夕刊だけで、浴場が発行所である。三ヵ所の浴場でそれぞれ雰囲気も違い、変わったニュースの流れているときもある。

嫁いできて最初に姑とともに入浴に来た嫁は、恥じらいと中の賑いに一瞬戸惑うが、馴れてくると心も身体も暖かい雰囲気に包まれて一日の疲れが吹き飛んでしまう。

姑のいない家に嫁いできた嫁には、世話好きの老人や近所の姑たちが、漬物の漬け方、子供の健康管理、その他いろいろ嫁の参考になることを心がけて話して聞かせる。良い勉強の場でもあり、また修養の場でもあり、結局交際の入り口である。

男湯の方は幾分か話の内容が違う。農作物の出来具合とか農作業その他、村の行事などの話に自然と移る。村一般の行事、各団体の集合場所、日時などの連絡、広報、掲示など、すべての知らせは共同風呂の掲示板であった。

共同風呂の入浴時間は、四季により幾分異なるが、平日は夕食の準備ごろから午後十時から十時三十分、農繁期は夕食準備ごろから午後十一時まで。当番は軒順である。燃料は石炭ガラで、ガラ代は家の人数で割り当てた。

入浴時の連絡は竹の筒を吹いて知らせる。手製で音は法螺貝《ほらがい》に似ている。

入浴始め　○——○——○——○——○

入浴終い　○　○　○　○　○　○　○
保険所《ママ》の立入検査が時々行われ、衛生面の細かい注意や風紀上の指導などを受けていた。警察から男女混浴はいけないと指導されたが、浴槽の真中に仕切りを取り付けることによって認められた。（後略）

共同風呂は燃料節約の必要から生まれたムラの共有施設であったが、上妻さんが述べているように、ムラ人の交歓の場でもあった。どこで聞いても、共同風呂の話をする時の古老の表情は例外なく明るかった。

その中で、風呂場に取り外しの出来る仕切り板を用意しておき、普段は外していたが、駐在さんの見回りがある時には取り付けて、男風呂と女風呂とを分けていたと、愉快そうに語ってくれたお年寄りがいた。あとになって別の件で近代史年表を繰っていた時、明治三十三年（一九〇〇）五月二十四日の日付けで、「内務省、風紀取締りのため、十二歳以上の男女混浴を禁止」とあるのを見つけて可笑しくなった。

さきのお年寄りの話にあった「駐在さんの見回りがある時」の、見回りを知らせたのはいったい誰だったのかということである。おそらくは駐在さん自身だったに違いない。上からの指示を受け、勤務日誌に記入する必要から、形式的にも見回りだけはしなければならなかった。情報は筒抜けだった。駐在さんが粋をきかせたというよりも、ムラの習俗の中に溶け込んでいた当時の駐在さんの姿がむしろ微笑ましかった。

「同じ釜の飯を食った仲」という。「同じ窯で湧かした湯に入った仲」もまた同じ。それが、共同風呂のあった時代の「風呂仲間」であった。

火種の家

「日本人の生活はイロリ（囲炉裏）を中心に営まれてきた。イロリは煮炊きと暖房と照明を兼ね、イロリを囲んで一家団欒《だんらん》の場ができあがっていた」、そこまで書いてふと筆が止まった。「福岡県の火の民俗」という原稿の書き出しであったが、県内にイロリのない地域のあったのを思い出したからである。

福岡県教育委員会が昭和五十六年三月に発行した『福岡県民俗地図』を開いてみた。文化庁が特定項目を選んで全国的に実施した緊急民俗文化財調査の結果をマッピング（地図に記号で表示）したもので、これまでにもしばしば目を通し、いくつかのヒントを与えられていた。

案の定、イロリの分布を示したページで、空白になっている地域が浮かび上がっていた。筑後地方の平野部である。理由ははっきりしていた。イロリに欠かせないのが炉にくべる枯木の小枝とオキにする榾《ほだ》である。ホリ（堀）と呼ぶ水路が縦横に走る広大な筑後の田園地帯には、近くに薪取りの山がない。

柳川市の農村部に住む旧友に電話で尋ねてみた。学生時代に一度泊めてもらったことのある家で、たしかイロリがなかったと記憶していた。やはりなかった。冬の暖房はどうしていたのかを聞いてみた。「ヌカ火鉢」を使っていたという。ヌカはこの地方の方言では籾殻《もみがら》のこと。土焼七輪に籾殻を入れて火をつけ、ある程度火の回ったところで籾殻を足し、上から固く抑えつけておくと全体に火が回り、火持ちがよかったという。手あぶりや掘り炬燵《こたつ》の火種にもしていた。

そのあとの話がまた面白かった。夜寝る前に、子供たちがクド（かまど）の前に横一列に並び、焚き口に麦藁を差し込んで火をつけ、燃え上がる炎で背中をあぶり、しっかり暖まったところで布団に飛び込んで寝たという。

イロリはなくともクド（かまど）だけはどの家にもあった。そのクドの燃料がこの地方では麦藁と堀に生えるヨシ（葭）であった。同じ藁《わら》でも、稲藁はモチ藁が注連縄《しめなわ》や藁細工に、ウルチ藁が牛馬小屋の敷き藁や飼料に用いられるので、麦藁はもっぱら燃料か、もしくは野菜畠の乾燥を防ぐ覆いに使われていた。麦藁やヨシはクドにくべると勢いよく燃え上がる。平鍋の炊飯には二通りの言い方がある。「はじめチョロチョロ、なかパッパ、赤子泣くとも蓋取るな」というのと、「はじめドンドン、なかチョロチョロ、グツグツ煮えに火を引いて、親が死ぬとも蓋取るな」で、正反対のことを言っているが、前者は最初枯れ枝に火をつけ、それを焚き木に移す時の焚き方、後者は筑後地方のような麦藁とヨシで炊く場合の焚き方が当てはまる。最初から激しく炎をあげて燃え上がらせ、充分に沸騰したあと灰の余熱で蒸すと上々の炊き上がりとなる。

クドの燃料が麦藁かヨシですむとなれば、残る問題はクドの火種（オキ）にする榾《ほだ》である。太めの薪で、火の回ったのを灰の中に埋《い》け込んで翌朝までもたせる。その榾をどこから調達していたのか。電話の向うからは、いとも明快な応えが返ってきた。ホリの岸に植えている柳の太枝を伐って

千年家のクドの火

来て使ったという。柳は根が張ってクエギシ（壊《く》え岸）を防ぐので、この地方一帯でホリの岸に植えていた。成長が早く、太枝を伐って二年もすればもとの太さに戻っていたという。

クドに火種を残す習慣は、マッチが普及してからも各地で続いていた。イロリやクドの火種を残せない嫁は嫁の資格がないとまで言われていた。朝起きると一番にクドの火を焚き付ける。火箸で灰に埋け込んでいたオキを掻き出し、松葉や枯れ枝をかぶせ、ヒオコシダケ（火吹き竹）で吹いて炎をあげ薪に移す。クドには火の守り神であるカマド神（荒神様）が宿るという信仰は根強かった。火は神聖なものとして崇められて来た。クドの火は一年間火種を絶やさず、年の初めに、新しく清浄な火を起こして切り替えるというのが、古代から連綿と受け継がれてきた習俗であった。

福岡県内には、千年もの間、火種を絶やさずに守り続けてきたと伝えられる家がある。糟屋郡新宮町上府《かみのふ》の横大路家がそれで、通称を〝千年家《せんねんや》〟と呼ぶ。母屋は江戸時代の建築で、国の重要有形文化財に指定されている。カマドには伝教大師が唐土より持ち帰ったと伝えられる火種が保存され、奥座敷には同じく伝教大師の自作と伝える毘沙門天の木像が安置されている。火種は大きめの桐を灰に埋けて絶やさぬようにし、朝一番にこの火から毘沙門様の灯明を取り、そのあと、日常の炊飯や煮炊きにもこれを用いる。かつて比叡山延暦寺で不断の火が消えた時に、この家から火種を献じたことがあったと伝えられている。

火種については身につまされる思いをさせられたことがある。ある被差別部落を訪れた時のこと。江戸時代中期に成立した部落で、在来の農村と隣接した場所にあって枝村に位置付けられていたが、村落行政の上からは、本村との間に甚だしい格差がつけられていた。例えば、ムラ寄り合い（総寄り）にしても、この部落からの出席は代表者が一人だけ、しかも寄り合いの席には加わることができず、土間にいて、ただ寄り合いで決まった事柄を伝えられるにすぎなかった。

暮らしの中でもっとも難渋をしたのが、薪山、秣山《まぐさ》、萱場《かやば》などの入会権《いりあいけん》が認められなかったことで、秣刈り、萱《かや》切りには遠くの入会権のない場所を探し求めて回り、薪は浜辺まで行って漂流物の中から燃えるものを拾って来たり、松林から松ボックリや落ち葉を掻き集めて来たりして用を足していた。「部落のものがヨキ（斧）や鎌をもってソウツク（ウロウロする）と、必ず本村のものが跡をつけて来よりました」と、部落の古老がしみじみとした口調で語っていた。

そうした辛いせつない話を数々聞かされたあとで、「部落の中に一軒だけ〝火種の家〟というのがありました。毎日朝になると子供たちが火縄を持ってその家に火をもらいに行きよりました」と聞いた時だけは、何やらそれまでの鬱積《うっせき》していたものの間に、一筋の涼風が流れたような気がした。考えるだにおぞましい差別が実在していた中で、本村のものが、この部落に一軒だけ火種を保有する家を残し、それを認めていた。それはとりもなおさず、人間の生きる証《あかし》ともいうべき火だけは、何人たりともこれを奪うことができなかったという、厳粛な事実を物語っている。

早朝の澄みきった空気の中、藁で編んだ火縄を手にした子供たちが三々五々、〃火種の家〃に集まっては、貰った火のついた火縄を、火が消えないようにグルグル回しながらそれぞれの家に帰っていく姿を想像して、ほのかな心のぬくもりを覚えた。

炉端の暮らし

元号が「平成」と変わったあたりから、めっきりイロリ（囲炉裏）の話が聞けなくなった。遅くとも明治末期の建築と思われる農家で、しかも薪山が近くにあり、どう見てもイロリがなければならなかった筈なのに、「なかった」と答えられると、こちらがとまどってしまう。掘り炬燵を切って夏分は蓋で覆ってある板の間の天井に目をやると、梁に明らかな自在鉤《かぎ》を取り付けたと見られる跡が残っていた。

「なかった」のではなく、「以前にはあったが今はなくなった」のである。

理由はほぼ推察できた。この地域では大正期から昭和初期にかけて、福岡県農務課の奨励で、農家の副業として養蚕が盛んに行われていた。納屋だけでは足りなくて、オリヤ（母屋）にまで蚕室を設けたところが多かった。畳敷きの寝間一つを残してあとを板の間にし、各部室に蚕棚を設けて床下に炉を切り、火の回った榾《ほだ》を藁灰の中に埋めて保温をした。「マイシン（埋薪）」と呼んだ。イロリがなくなったのはおそらくそのころのことだったであろう。

養蚕を契機としなくとも、住まいの改築が進むにつれて、いち早く姿を消したのが藁屋根とイロリだった。葺き替えに手間のかかる藁屋根が瓦葺きになり、煙と煤の立ち昇るイロリが炬燵《こたつ》や火鉢に変わったが、もともと藁葺き屋根とイロリ、カマドは密接に関わっていた。一般の農家ではカマドのある土間（カマトコ）とイロリ部屋には天井がなく、太い梁が露出していて、煙と煤がその間を抜けて舐《な》めるように屋根裏を這い、藁・茅を乾燥させて腐敗から守っていた。民具の調査で、たまたま屋根裏を物置にしている旧家の天井に上がった時、天井板の一隅に竹の簀《す》の子を張った箇所があって、それを透かして下から明かりが差し込んでいた。覗《のぞ》くと真下がイロリだった。天井板を張っていても、イロリの熱と煙が屋根裏を這う工夫だけは欠かされていなかった。

イロリ部屋は、ダイドコロまたはママクイドコロと呼ばれる板の間が多く、玄関に近い畳敷きのナカイ（ナカエ）の隅に炉を切っていたところもある。ユルリ、ユズリ、筑前南部から筑後地方にかけてはウワクド（上クド）という呼び名も聞かれた。

イロリの原型は縄文中期の住居址に見られる炉跡にあると言われているが、それが床上に移ったのを示す古い呼称とも受け取れる。古い時代ほど煮炊きと暖房と照明が未分化であったのが、イロリに受け継がれ、家族揃って炉端を囲む習俗が長らく続いてきた。昼間は家の内外に分かれてそれぞれの仕事（子供は遊び）を営んでいたものが、日暮れともなれば炉端に集まり、火を囲んで一家団欒の場ができあがっていた。

柳田国男は「人が近くに顔を見合はしつつ、続けてものを言ふやうになった始まりは焚火の傍かも知れません。話と炉端との因縁は深いものがあったやうです」と、火の温もりと暗闇の中でのほのかな明かりが、人の心を和《なご》ませていたのを味わい深いことばで語っている(『火の昔』)。

やがてイロリの回りに家族の居るべき場所が決まり、土間から向かって正面の上座が主人の座、ここだけ畳を横向きに敷いていたのでヨコザと呼んだ。ヨコザの右、または左(右勝手と左勝手で違う)で、入り口に近い方をキャクザ(客座)またはムコザ(息子の座)、その向い側をカカザ、タナモトと呼んで主婦の座、土間からの上がりかまち側がキジリと呼ぶ嫁の座になっていた。キジリは枯れた小枝を置いて、炎が絶えないように炉にくべる場所を言うが、火を守るのは多くが嫁か子供たちの役目だった。

ところで、焚火のできないのが夏の夜。煮炊きはカマドにまかせても、炉端の明かりだけは欠かせなかった。そこで使われたのがコエマツだった。松の根ッ子の樹脂を含んだ部分を細く削り、炉の傍に穴のほげた古鍋か古皿を置いてその中で燃やしていた。冬でも焚火の明かるさを補ったり、土間での夜なべ仕事の明かりに使われていた。

もう十四、五年も前になろうか、対馬で、周りを頑丈な幅の広い板で囲んだ大きなイロリに巡り会ったとき、その板の数ヵ所に黒く焦げた穴のあるのを見かけた。コエマツを差し込んで火をつけた跡と見た。鍋や皿だと、細く削ったのを絶え間なく補給しなければならない。太目のものに火をつけて立てておけば、ある程度間が保てる。あるいは蠟燭から得た知恵かとも思ったが、そうなると、明かりに蠟燭や油が用いられるようになってからもなお、炉端の灯にコエマツが残っていたということになる。

農家で灯火に蠟燭、油が用いられるようになったのは江戸中期以降、櫨《はぜ》、菜種の栽培が盛んになってからのことである。もっとも、蠟燭は仏教とともに唐から伝わったといわれ、漆や櫨漆を固めた木蠟や、荏胡麻《えごま》、椿の実などを搾《しぼ》った植物油を灯火に用いていたのが上代の記録に出てくるが、生産量が少なく、寺社や上層階級に限られていた。浦、浜では魚油も灯火に用いられたが、臭気が強く、浦、浜以外にはあまり広がらなかった。

櫨ノ実、菜種は、藩政時代に西日本の諸藩で主要産物として栽培を奨励し、農家でも効率のいい副業となったので生産量が伸び、町の蠟絞め屋・油絞め屋を繁盛させた。農家では櫨ノ実は仲買人に売り、菜種は油絞め屋に持って行って必要なだけ油と取り替え、残りを売っていた。菜種油の灯は焚火やコエマツに比べて煤もたたずはるかに明るかった。素焼きの小皿に油を入れて竹を三本組み合わせた上にのせ、トウジミ（灯芯）を浸して火を灯した絵が、江戸時代の風俗画に出ている。トウジミは藺《い》草の皮を剝いだ芯を縒《よ》って作る。毎年初午の日に筑後からトウジミ売りが来ていた話を各地で聞いた。筑後地方は有名な藺草の産地である。

トウジミの灯は炉端を離れて動かすことができた。風で炎の揺れるのを防ぐのに、火の周りを紙で覆った紙燭《ししょく》から、やがて角型、丸型の枠を設けて紙を張った行灯《あんどん》が生まれた。枠の上部に把っ手を付けて持ち運び、イロリ部屋以外の場所に据えることができた。行灯は商家や武家屋敷では早くから部屋ごとの照明に用いられていたが、農家では来客や寄り合いごとのある時に座敷やナカイで

行灯とイロリ

使われた。蠟燭は屋内よりも外出のときの提灯がおもであった。

近代になってからのランプ・電灯の出現は、それまでの灯火の感覚を一変させた。焚火にしろ、行灯、蠟燭の灯にしろ、その周りを明るくするだけであったのが、ランプ・電灯になると部屋全体が明るくなる。行灯によって炉端を離れた灯火が、各部屋を明るくしたことによって、やがて家の中での家族の有りようまでも変わってきた。住宅の改築が進むにつれ、家族の共有部分よりも個室を選ぶ傾向が強くなった。食事だけは昔ながらのママクイドコロ（茶の間）で済ませても、それが終わると家族それぞれが部屋ごとに分かれて、独立した時間を過ごすことが多くなった。イロリの火を囲んで、お互いが顔を見合わせ、話に花を咲かせていたいわゆる「炉端の暮らし」が遠い昔のものとなったのは、それだけ家族の間が疎遠になったということになろうか。

一人前の資格

幼いころ、祖父が二つの名前を持っているのが不思議でならなかった。

祖父は安政五（一八五八）年の生まれ、昭和十二年に数え年八十歳でこの世を去っている。戸籍名が喜多八、通称が利八郎という母の説明を何となく理解できたのは小学校五、六年生ごろだったが、なぜ戸籍名と通称を使い分けていたのかまではわからなかった。その意味がわかったのは、昭和三十（一九五五）年代の半ば、民俗の聞き取り調査を始めてからのこと。

わが国の伝統的な村落共同体では、若者組への加入儀礼に改名の習俗があった。若者組への加入は数え年で十六歳。「高等小学校を卒業したら、若者組の集会に父親が付き添い、酒一升を持って挨拶に行った。その時に新しいシコ名（通称）をつけて届け出ていた」ということが、この頃まで各地で古老の談話に聞かれていた。ただし、実際に二つの名前を持った人は、ほぼ明治二十五、六（一八九二、三）年生まれあたりが下限で、最近ではそうした年寄りに巡り会うことはほとんどなくなってしまった。

若者宿を中心とした若者組の習俗を旧来の陋習《ろうしゅう》として、政府の指導と統制が強化されたのが日露戦争以後。明治三十八年九月、内務省は「地方青年団体向上発達に関する件」という通牒を出して青年会の結成を奨励した。以後、大正中期にかけて各地の若者組は青年会に改組され、政府の地方教化政策の一環に組み込まれた。加入儀礼から改名がなくなったのは、おそらくそのころのことであろう。

武家社会で元服の時、加冠の儀とともに幼名を成人名に改めていたことはよく知られているが、農村に改名の習俗のあったことは、当事者以外あまり知る人がなかった。文献に載ることが少なかったせいもあろう。

若者組への加入儀礼は、男が一人前になったことの社会的承認を意味する成人儀礼でもあった。その時に成人名を名乗る。それからはムラの成員として大人（オトナ）の仲間入りをし、ムラの公《く》役《やく》（共同作業）に一人前として出役するようになる。

大人は乙名（オトナ）から出た呼び名ではなかったかと思ったのは、甲（キノエ）で始まる十干の二番目が乙（キノト）、乙名は「二番目の名前」の意に解されるからである。事実、「広辞苑」には「おとな」に〔乙名〕と〔大人〕の二通りの表記をあて、〔乙名〕を「大人《おとな》と同根」としている。

文献に見えるオトナには古くから二つの意味があった。一つは「一族の長、家長、武家の家老、長百姓《おさびゃくしょう》」など、各階層の「主だち」の意味、いま一つは「成長して一人前になった者」。オトナに「乙名」「大人」の表記が現れるのはおおむね中世末ごろからであるが、「主だち」のほうに「乙名」、「一人前になった者」のほうに「大人」の文字を当てている場合が多い。あくまでも推量の域を出ないが、成人儀礼に元服・改名の儀式を伴っていたのは上層階級で、その相続者を乙名（オトナ）、若者組への加入をもって成人とみなしていた階層で、一人前をあらわすシコ名（通称）をつけたものを、小人（コドモ）に対して大人（オトナ）と呼んでいたのではなかったろうか。むかし風呂屋や芝居小屋の入り口に「小人〇銭、大人〇〇銭」と書いてあったのを見た記憶がある。

伝統的な村落共同体では、若者組はその中核をなす存在であった。祭礼における神輿《みこし》舁《か》きはもちろん、農耕生産や共同作業における力仕事、そのほか救急や防災なども若者組の受持ちであった。同時に若者組には将来の村落共同体の担い手としての期待が寄せられていた。それだけに組自体にも内部における強固な統制力が要求された。年齢階梯制と呼ばれるしくみで、先輩が後輩を指導するという形であったが、そこには、共同体の成員となるのにふさわしいものという一定の基準が設けられていた。

「一人前の資格」というべきもので、不文律ながら、現在でも各地でほぼ同様の内容のものが聞かれる。最近調査をした福岡県筑紫野市の例をあげると次の通りである。

・米俵一俵をかつぐことができる。
・牛馬で一日に一反の田犂《す》き・代《しろ》掻《か》きができる。
・稲刈りは一日に一反を刈ることができる。
・草刈りは一度刈り六束、二度刈り十二束。薪取りは一日に二十束。
・足半草履《あしなかぞうり》や牛の沓を一日に二十五足作ることができる。
・米搗《つ》きは唐臼《とううす》で一日に二俵を搗ける。夜なべ仕事なら、一晩三時間で。
・稲扱《こ》ぎ、麦扱ぎ（センバで）は一日十把。
・草鞋《わらじ》、草履十足。ムシロ一枚。小縄百尋が一日の量。

ちなみに「女一人の仕事量」には、田植え一日一反。菜種植え一日三畝。薪取り一日十束などの基準があった。

もう十年以上も前のことになるが、大学で民俗学を講じていたころ、毎年春と夏の二回、学生を連れて農、山、漁村の民俗調査に出かけていた。三泊四日か長くて五泊六日程度の調査だったが、毎回学生たちにいい経験をさせることができたという思いが残った。調査が終わったあとのミーティングで、異口同音に聞かれたことばが、自分たちの知らなかった世界がこれほど広く深く存在していたことに感動を覚えたとか、お年寄りの年輪に刻まれたものの重みを痛いほど感じたとか、長い期間を経て積み重ねられたものの確かさを思い知らされたなど、ことばで教えなくても彼らは彼らなりにつかむべきものをつかんでくれていた。

そうした中で、ある年の調査で学生の一人が洩らしことばに強い共感を覚えた。

自分たちと同世代に当たる若者組のことを尋ねたとき、最も強く印象づけられたのが「一人前の資格」ということであったという。

「一人前とか、イッチョウマエとかいって、例えば米一俵をかつげるとか、一日一俵の米を搗けるとかの基準がありました。そうした基準はいい加減な者が共同体の仲間入りをして来ると、共同体全体に迷惑を及ぼすというところから来たものでした。共同体の幸せのために、厳しい基準を科して後輩を育てるということですが、基準の内容はともかく、〝一人前の資格〟ということが強く意識されているところに、いちばん関心をひかれました。その時あらためて私たち学生仲間のことを振り返って見て、果たしてこれまで、われわれの中で一人前ということについて考えたことがあったろうかと、深く反省させられました」と彼は結んでくれた。

現代の若者が、自分たちの幸福を社会全体の幸福と結びつけて考えてくれた。待ち望んでいた宝をいま彼が手に入れてくれた。こみあげてくる喜びをかみしめながら、私は、そのことを学生に気付かせて下さったお年寄りに感謝した。その上で、改めて先人の遺した優れたものを次の世代に伝えることに、もっと勇気を持って当たるべきだと思った。

次、三男たちの行方

『楢山節考』で知られる深沢七郎の作品に、『東北の神武たち』というのがある。

冷害と凶作に悩まされる東北の農村に生まれた次男、三男たちは、ヤッコと呼ばれ、長男と区別するためにボロを着せられ、髭《ひげ》も伸び放題で、一生土地も嫁も貰えない存在だった。彼らヤッコの髭面がどこか遠い昔の神武天皇に似ているというので、土地では「神武《ずんむ》」と呼ばれていた。

長男と次、三男以下との差別は何も東北地方に限られたことではなかった。一般の農家で、屋敷、財産、田畑を譲り受けられるのは原則として長男で、次男以下にそれが与えられるのは、分与できるだけの余裕を持った富裕な農家に限られていた。しかも耕地の少ない農家では、祖父母に当主夫婦とその子供という家族構成の中で、それからはみ出した次、三男たちは、農繁期の労働力以外にはむしろ負担になる存在だった。大なり小なり「東北の神武」たちと似た境遇で、嫁を娶《めと》り一家を構えようとするなら家を出るしかなかった。

「小糠三合あれば養子に行くな」とはいうものの、〝入り婿〟の口があればむしろ恵まれたというべきで、おまけに養子によって総領の地位が得られれば、兵役を免れることさえできた。多少肩身の狭い思いをしてでも、実家で冷遇され、長男に従属する身分に甘んずるよりはよほどましである。兵役逃れに養子を望む者さえいた。

土地を分与されずに村内分家をしようとするならば、荒蕪地《こうぶち》を開墾して田畑を拓くしかない。本家から必要な農機具を譲り受け、牛馬を借りて、悪条件を克服しながら荒れ地を開墾し、田畑を拓いて住居を構える。そうした仲間が集まって新村が出来ることもあった。

そのほかでは、地主か大百姓のところにオトコシ（男衆）として住み込むか、職人の徒弟となるか、町に出て商家の丁稚《でっち》になるくらいのもの。そうして年季を重ね、一人前と認められれば、地主ならば譜代奉公人。職人、商家なら「暖簾《のれん》分け」をして貰い、嫁を娶って一家を構えることができた。

木挽《こび》きや石山稼ぎなどの出稼ぎもあった。石山には金属鉱山と石炭山とがあった。いずれも漂泊的で、木挽き唄に

木挽き女房になるなよ妹
　花の盛りも山小屋で

というのがある。

農家の次、三男たちに新しい道が拓かれたのは、近代に入ってからのことである。明治二十年代後半にその萌芽を見せ、明治三十年代（二十世紀初頭）に入って急速に進展した近代産業革命に伴う産業労働者の出現が、農村の余剰労働力を吸収した。農閑期だけの季節労働もあったが、何よりの魅力が現金収入だった。石炭産業では〝納屋《なや》〟と呼ぶ住居さえ与えられた。

次、三男以下の他職転換という新しい形の分家に対し、本家が進学のための学資を出してやることもあった。

海外移住も始まった。植民、移民、満蒙開拓団である。

植民は明治維新以後の北海道開拓を嚆矢《こうし》とする。蝦夷地が北海道と改称された明治二（一八六

九）年に十万人と推定されていた入植者が、半世紀後の大正九（一九二〇）年には二百六十三万人に増加した。広範な農耕地を開拓し、豊富な鉱物資源・林産資源を開発したのも本土から流出した旧士族を含めた農村人口で、国家主導型の移住植民地、農業植民地が形成された。

台湾は日清戦争の結果、明治二十八（一八九五）年、日本に割譲された植民地。朝鮮は明治四十三（一九一〇）年、日韓併合の強行によって生じた植民地だった。双方とも総督府を頂点に枢要な機関はすべて日本人によって占められ、下級官吏・職員も内地から移住して来た旧士族・農村出身者が高い人口密度を示した。

一八八〇年代から本格化した北米・中・南米への移民、昭和六（一九三一）年の満州事変後に始まった満蒙開拓団は、いずれも国内労働市場の狭さが生んだ過剰人口のはけ口で、国策として実施された。言語、風土の違いから苦難に満ちた生活を強いられ、敗戦では大きな打撃を受け、戦後もなお未解決の問題を残している。

初期の近代産業労働に従事した農民を一括りにして貧農と呼び、「貧農層の出稼ぎ」と片付けてしまうことにはいささか抵抗がある。一年の農耕過程をつぶさに眺めて見ると、たとえ耕作面積は狭くとも、農閑期にあたる初冬から晩春にかけて、当主夫婦は一年間の焚木寄せ、畠の施肥、藁細工、筵《むしろ》編み、粉《こ》挽《ひ》き、味噌作り、裁縫等々の夜なべ仕事、家内労働に追われて出稼ぎどころではない。「貧農層の出稼ぎ」は、ほかならぬ次、三男以下の受け持ちだった。

私の父は耕作面積一町二、三反程度の中農の四男だった。明治二十四（一八九一）年の生まれ。農林学校を卒業させて貰い、郷里の私鉄（小倉鉄道）に就職していた。台湾に縦貫鉄道が完成したのが明治四十一（一九〇八）年。児玉源太郎総督と民生長官後藤新平による、基隆《キールン》港築港、道路整備と並ぶ基幹事業の一つで、内地から大量の鉄道員を募集した。手許に残っている父の遺品、大正三（一九一四）年から昭和初期にかけての日誌を繰って見ると、父が鉄道員募集に応募して渡台したのは明治末年のことらしい。台湾南部の高尾車掌区で列車乗務をしていた。

内地から許婚《いいなづけ》であった母を呼び寄せ、宿舎を与えられ、所帯を持ったのが大正四年四月二日。戸籍謄本には「佐々木荒太郎　父佐々木利作　母マツ　四男」とあって、「瀧井タツノト婚姻届出大正五年弐月拾六日受附　福岡県田川郡大任村大字大行事弐千六百九拾七番地　戸主佐々木學治弟分家届出大正拾年参月拾日受附」と記されている。父の兄弟は長男が家を相続し、次男は養子、三男は小倉で商売、そして四男の父が植民地で官吏へとそれぞれが分家独立をしている。

そしてこの植民地での暮らし。父が駅長から役所（鉄道部）勤めに移る中で、私の記憶には、我が家に出入りしていたのが同県人か気のおけない同僚の人たちであったことが思い浮かぶ。それは、戦後内地に帰って初めて知った、家族とイエ（親族）と近隣とが密接に結びついてムラをなしている、いわゆる村落共同体とは全く異質のものだった。家族はあってもイエもムラもない、心を許しあった同県人・同僚で作り上げた屈託のない仲間があるだけだった。

内地の村落共同体は、過酷な自然条件のもとで営む農耕生産に、弱い者どうしが肩を寄せ合いながら生きてゆく〝共同〟のしくみであった。そして、その秩序を維持するための規制が、家庭内での家族の序列、イエにおける本家・分家の地位、ムラの中での階層の区分、若者組などに見られる年齢階梯制などの上下関係に現れ、さまざまな決まりやしきたりを生んでいた。

次・三男たちの他職転換によるムラからの離脱は、見方によれば、村落共同体の規制や桎梏《しっこく》からの解放でもあった。

私の出合った植民地の人々の生活は、郷里を遠く離れて、望郷の思いにかられながらも、それぞれが自立した生活を営んでいる〝自由人〟たちの集う世界であった。もちろんそのことは、戦後内地に帰ってはじめて気づいたことではあるが、一方で、外地での境遇を同じくする人々の間に流れていた連帯の意識は、内地での肩を寄せ合いながら生きてきた共同体の温もり中に育まれたものだったことにも気がついた。

第五章　けがれときよめ

身心を清める

英彦山神社（のちに神宮）の汐井採りに随行した。昭和四十五年（一九七〇）のことだった。英彦山から行橋市今井の沓尾《くつお》海岸まで行程九里八町（約三七キロ）。名付けて「垢離《こり》八町」。英彦山修験道時代に、一山最大の行事であった陰暦二月十五日の「松会《まつえ》」執行にあたって、山内の清めに用いる汐井（海水）を採りに行く「修験の行」であった。一月二十六、七両日にわたって行われていたのが、明治の神仏分離以後、「松会」そのものが三月十五日の「御田祭」と、四月十五日の「神幸祭」に分離してからは、陽暦二月末日から三月朔日にかけての行事になっていた。

白装束、白足袋、草鞋《わらじ》掛けの汐井採り一行（神職二名、付添い三名）が英彦山を発ったのが二月末日早朝、津野谷を下り、途中から東へと道を転じ、峠越しに今川沿いの伊良原《いらはら》谷に入る。犀川町、

英彦山の汐井採り道中（右）と汐井採りの貝伏せ行事（左）

豊津町（現、京都《みやこ》郡みやこ町）を経て行橋市に入るあたりから、頃合いの間隔で村々に一行のための接待座が用意されていた。夕刻から激しい雪。冷えきった身体には湯飲み一杯の振舞酒が何よりの救いだった。家数分の祈禱札を置いて次の村へと向かう。やがてとっぷりと日が暮れ、松明に火が灯される。村に入る手前で吹き鳴らす法螺《ほら》貝の音が長く尾を引く。

「ヤンブシ（山伏）さーん、ヤンブシさーん」と、家々から声がかかる。家の者が門口まで出てくる。英彦山神社の神職さんもこの時ばかりはヤンブシさんになる。錫杖《しゃくじょう》で家祓《やばら》えをし、家族一人一人の頭に法螺貝を被せる。「貝伏せ」と呼ぶ除魔の作法である。それまで病の床に臥せっていたと思われるお婆さんが、お嫁さんの肩にすがって玄関先まで出て来て「貝伏せ」を受け、「これで今年も無事に過ごせます」と手を合わせた。じんと込み上げてくるものがあった。ここにはまだ「英彦山信仰」が息付いていた。

　接待を受け、家祓えをしながら今井の宿《しゅく》に着いたのがほぼ九時頃。宿《やど》は昔からの決まった旧家で、入宿の儀礼を済ませて家に入る。英彦山からの音物《いんもつ》、熨斗《のし》・祝儀・牛王宝印《ごおうほういん》などを床の間に飾り、酒肴が出てしばしくつろぐ。

汐井採りは真夜中の午前零時。沓尾海岸の「媼ガ懐《うばがふところ》」と呼ぶ汐井場で行われる。今井から沓尾にかけての道筋の人家は灯火を消して戸を閉ざし、一切の物音をたてることを禁じられている。沓尾海岸の、これも昔からの決まった一軒の家に立ち寄り、汐井採りに先立つ儀礼がある。随行もそこまで。汐井採りに赴く行人《ぎょうにん》（神職）以外は家族とともに一室に籠って戸を閉ざす。行人二人が縁先で何やら呪文を唱え、雪の中に足音だけが残った。

「媼ガ懐」での汐井採りは「深秘の行」で、一切が「他見を許さず」ということになっている。ただ僅かに、竹の汐井筒の先端が肩先に届くよう紐で斜めに結い着け、筒の中に潮が満ちるまで深みに入る寒夜の禊ぎであることを伝え聞くのみである。

待つこと約三十分。雪を踏む足音が家の前で止まり、呪文の声。汐井採りを済ませた行人のあとに従って今井の宿に戻る。終始無言。宿に帰って、床の間に二本の汐井筒を供え、直会酒で暖をとったあたりから、「深秘の行」を終えた安堵感が漂う。しばしくつろいだのち、夜明けまで仮眠をとる。翌朝、家人が整えてくれた心尽くしの朝餉《あさげ》を戴いて帰途につく。

前夜の雪が嘘のように晴れ渡った青空。法螺貝の音が長く尾を引く。人々が通りに出て一行を見送る。帰路は往路と道を違《たが》えて、今川の西岸の村々で接待を受けながら帰山する。

行橋市の村外れで一行と別れを告げたが、寒夜の禊ぎを実見できなかったとはいえ、ここで味わった、真摯な祈りが醸《かも》し出す清々しさと、この時に聞いた「垢離《こり》八町」ということばが、その後も折りにふれて蘇ってくる。

汐井かきをする志賀海神社歩射祭の射手たち

これも二十年ほど前になるが、志賀島で志賀海神社の「歩射祭《ほしゃさい》」のビデオ撮りをしたときのこと。一月二日の未明、その日も小雪の舞う寒の締まった朝だった。正月十五日の歩射祭に射手《いてし》を勤める八人の若者が、神社下の禊《みそ》ぎ場で「汐井かき」と呼ぶ禊ぎをする。世話役たちが付き添って浜辺で焚火をしてやる。衣類をすべて脱ぎ去った射手たちが岩場伝いに海中に入り、全身を浸して合掌をし、アビラウンケンと三度呪文を唱えて上がってくる。焚火の炎に照らし出された皮膚が艶やかなピンク色に染まって美しかった。

タオルを用いずに焚火で全身を乾かし、素肌に新しい白褌と白の浄衣を着け、新しい白足袋、藁草履を履いてまっしぐらに「胴結屋《どいや》」へと駆け込む。胴結屋は「籠もり小屋」で、弓の稽古に、三十二把の藁を束ねた直径七、八〇センチの的を備え付けて置くことからその名がある。

この日から十一日まで、射手たちの胴結屋での生活が続く。人の手を借りず、自分たちで新しい火をキリ出し、その火で一切の食事を賄《まかな》う。「別火精進」と呼ぶ。外界の火を断つだけでなく、すべて外部との接触を断って、ひたすら清浄を保ち、日もすがら弓射に励む。文字通りの「精進潔斎」である。

十一日には射場に出て、歩射祭当日と同じ距離で弓射を試み、それが終わると「汐井かき」をする。この日から十五日までは「宮入り」と称して神社に籠もり、射場での弓射のほか、歩射祭に関わる各種の儀礼を、段階を踏みながら作法にしたがって進めていく。この間も胴結屋での別火精進と毎日の汐井かきは欠かさない。こうした精進潔斎を経て、八人の射手が、正月十五日、ハレの舞台に立って歩射祭の神事を勤めることになる。

神事に携わるものに課せられる「潔斎」は、各地の祭り行事を通じて、これまでに幾度となく見もし、聞きもして来た。そうした中で、英彦山神社の「汐井採り」と、志賀海神社歩射祭の「精進潔斎」を軸として浮かび上がってきたのが、「禊ぎ」から「籠もり」へと続く一連の「斎戒《さいかい》」の構図であった。このことはNHKテレビの「ふるさとの伝承」で、全国の民間信仰に接しながら、次第に固まってきたものであったが、きっかけは英彦山の汐井採りで聞いた「垢離八町」ということばだった。行程「九里八町」をもじったものであるが、「垢離」は寒夜の禊ぎを意味していた。

映画やテレビのドラマで、心願のすじがある時に井戸端で「水垢離」をとるシーンをよく見かける。ごくありふれた情景だけに何げなく見過ごしていたが、「垢離」には意外と深い意味が隠されている。字句自体は「垢を離れること」、「垢を洗い流すこと」で何の変哲《へんてつ》もない。ところが、それを神との関わりとして見る時、願い事をかなえて貰うための、神に対する畏敬を籠めた神聖な行為として目に映る。日常生活（ケの生活）をしていると、自然に身体が汗と垢にまみれる。「汚れ《よご》」「穢《けが》れ」である。汚れたまま、穢れたままで神に願い事をするのは、神を冒瀆《ぼうとく》することになる。そこで垢を洗い流し、身を清める。寒夜に水垢離をしたり、滝に打たれたりするのは、厳しさに耐えることで、心を清める要素も働いている。身も心も清め、ハレの状態になって初めて神と接する資格が得られる。そして、その状態を維持するのが、あとに続く「籠り」である。

神事に携わるものの「潔斎」は、まさしくこのケからハレ、俗の世界から聖の空間へと移る過程に存在している。禊ぎは「垢離」で身を清めること、お籠もりは俗界との「隔離」で「精進」を重ねながら心を清めること。その祈りが深ければ深いほど、この構図は鮮明な姿をとって浮かび上がってくる。

罪穢れ、災いを祓う

博多祇園山笠のシーズンになると、きまって各流の山小屋に立てられる「不浄のもの立ち入るべからず」の戒板《かいばん》が取り沙汰される。「不浄のもの」の語感からきていることはいうまでもない。人権、差別について神経過敏になると、「不浄」と聞いただけでピリッと反応して、差別と結びつけたくなる。今のところ、最も多いのが女性差別のようで、「女人禁制」を表示した立札は撤去すべきだ、という意見が毎年のように繰り返される。

当の山笠関係者の方が、「あれは山を舁《か》くもんの戒めたい。じゃけん〝戒板《かいばん》〟ていうとろうが」

と、カラリと受け流し、変に伝統を持ち出さないところがいい。

山笠の聞き取りを始めたばかりのころ、土居流《どいながれ》の長老が語ってくれた。

「山を舁《か》きよったら、動きが激しかけん怪我をするこつがあろうが。どげんひどか怪我したっちゃ当番町の持っていく見舞は卵三つにきまっとう。なしか知っとうや」。答えに詰まった。「おまえ笆崎さんのお汐井採りに行ったとい（のに）女と寝とろうが。そやけん祇園さんからおごられとったい。卵三つば呑んで精力ば付けときやいてことたい」。思わずうなった。「卵三つ」に博多町人のウイットとアイロニーを見た。

神事に携わる者が汐井採りを済ませると、その時点で俗から聖の世界に入り、斎戒を課せられる。俗の最たるものが煩悩で、斎戒の一つに煩悩を断ち切る禁欲がある。博多祇園山笠の場合でも、七月朔日の注連《しめ》卸し、当番町汐井採りから十五日の追山までが斎戒の期間で、夫婦といえども同衾《どうきん》は許されない。若手連中は山小屋の傍に寝泊まりのできる部屋を設けてそこに籠もる。その中に、時たま、若さをもてあまして遊里へ足を運ぶ不届き者が出る。戒律を破った以上、「祇園さんからおごらるる」のはあたり前で、怪我をしても自業自得というのが、博多のヤマ（山笠）を舁くもんのセオリーだった。

さきごろ、中洲で三十年近く馴染みの小料理屋の女将が嘆くのを聞いた。

「むかしゃ汐井採りばすませてヤマ（飾り山）が立ったら、博多んもんで呑み屋ばそうつく（うろつく）もんなおらんやった。それがいまはどうじゃろか。当番法被《はっぴ》ば着てうろちょろスナックに出入りしよう。やかましやのおらんごつなったけんやろ」と。

玄関先の汐井テボ(右)と神社境内の汐井台(糸島)

「不浄のもの」の戒板もそろそろ意味をなさなくなったとすれば、取り外されても致し方ないと、撤去賛成の方に回ることにもなりかねない。

「筥崎さんのお汐井」は海水ではなく、箱崎海岸の浜砂である。このお汐井は、各流《ながれ》の町々や山笠の〝清め祓え〟に用いるが、清めにはまた、行事に携わる者の罪穢れと災いを祓うという二つの要素が含まれている。

「罪穢れ」は、「神祇信仰上の禁忌を破ること。神の怒りにふれ、災いや祟《たた》りを招くような行為をすること」(『日本国語大辞典』)で、これを祓うのも清めで、山笠期間中の斎戒がこれに当たる。

「災いを払う」には、山笠期間中の安全だけでなく、春秋の社日(彼岸の中日に近い戊《つちのえ》の日)に筥崎宮に詣り、浜砂を汐井テボ(小さな竹かご)に入れて持ち帰り、玄関先に掛けて外出時に身体に振りかけ、平穏無事を願う〝社日汐井〟がある。これも清め。

〝社日汐井〟は博多津中だけでなく、箱崎に日帰りのできる範囲の周辺農村部にまで広がっているが、これらの村々では、社日以外にも、ことあるごとに箱崎の汐井採りをする。多くの村で、苗代終いの〝春籠もり（お願立て）〟の時に神籤《みくじ》を引いて、穂孕《ほばら》み時分の秋籠もり（お願成就）に奉納するものを決めるが、相撲や絵馬奉納の籤《くじ》に混じって、箱崎の汐井採りが必ず加わっている。村によっては、サナブリ（田植え終いの宴）の翌日から八朔（旧暦八月朔日）まで、各家が輪番で箱崎までお汐井（浜砂）を採りに行って、神社の境内に撒き、家々にも配るところがある。八朔は田の水落としの時期にあたり、サナブリから八朔までの汐井採りは水稲の成育期間に田の水が涸《か》れないよう、干魃《かんばつ》の災いを免れるように、という願いが籠められている。

箱崎のお汐井採りに、社日汐井を含めて災いを払う要素が際だっているのには、それなりの理由があろう。筥崎八幡宮は宇佐八幡神の託宣により、異国からの来寇に備えて、社殿を西方新羅《しらぎ》国に向けて建てたといういわれがあり、創設の当初から災いを払う神としての性格があったものと思われる。

山笠の汐井採りは夕刻に行われるが、各流れごとに集団を作り、オッショイ、オッショイと掛け声を掛けながら箱崎浜に着くと、浜砂を採る前に水平線に沈みゆく西日に向かって頭を下げ、手を叩く。幾度見ても印象深い光景である。

「汐井」は本来が海水で、清めに用いる海水を採りに行くのが「汐井採り」で、海に入って禊ぎをするのは「汐井搔き」または「汐搔き」と呼ばれている。シオイには「汐井」と「潮井」の二通りの表記があるが、必ずしも夕べとか朝方とかの区別がされていないので、本稿では便宜的に「汐井採り」を用いている。清めに用いる海水をシオイと呼ぶのは北部九州に限られているが、海水を清めに用いるのは全国的なものである。広大な海から受ける清浄感と、海水に含まれる塩分の浄化作用がもたらしたものと思われる。海水そのもの、海水から採取された純白の塩が、神社の境内や神輿《みこし》、神具の清めなどに用いられ、神事には不可欠なものとなっている。塩はまた、神饌のほか、相撲取りの撒き塩、料理屋などの盛り塩、葬儀の時や、炭坑夫が坑内に下がる時の清め塩などにも用いられてきた。

海水、塩のほかに、浜砂や海藻などの塩分を含んだものも「汐井」と呼ばれている。浜砂は箱崎の汐井採りの例が示す通り。海藻は概ねホンダワラやヒジキである。箱崎浜に限らず、沿海地域では近くの浜から採取してきて、神社の拝殿脇に設けられた汐井台に奉納しているのをよく見かける。村によっては当番を決めて毎日汐井採りに行き、汐井台の供えを取替え、残った浜砂は神社の境内に撒き、家々に配って回るところもあった。

内陸部になると、海水・浜砂に代わるものとして、清浄な湧き水・川水、清流の川砂を同じく〝お汐井〟と呼んで、清め祓えや災厄払いに用いている。湧き水で著名なのが久留米市高良山下の〝朝妻の汐井〟で、組内で当番を決め、手桶を持って汲みに行き、持ち帰って神社に供えたあと、家々の門口に、杉の葉に浸した清水を振りかけて回る。川水は流れの早い谷川や滝の水を同じく手桶に汲んで清めに用いる。川砂では筑紫野市天拝山の紫藤《しとう》の滝の砂が、周辺の村々で神事の清めに用いられ、嘉穂郡庄内町多田の妙見社の傍を流れる清流の川砂も「多田の汐井」と呼ばれ、「く」の字型の藁苞《わらづと》に入れて持ち帰り、災厄除けに玄関先に下げる。

「汐井採り」は比較的目立たない習俗であるが、多様な裾野の広がりを見せている。しかも注意深くそれを眺めると、その中に、聖と俗、浄と不浄、災厄と平穏無事というような、民間信仰の原点に関わる要素が含まれているのを見ることができる。

膚に刃物を当てない

福岡県朝倉市の黒川高木神社おくんちの宮座には、〝神当子《みとご》〟と呼ぶ子供が登場する。

宮座は村の代表者たちによって営まれる古い形式の村祭りである。おくんちの宮座は収穫祭にあたり、その年の新穀を中心とした神饌（供物）を供えて感謝をこめ、翌年の豊穣を祈願する。黒川では宮座に列席するものを〝神課《じんが》〟、その年の祭り当番を〝トウ元（座元）〟と呼ぶ。昔は神課が特定の家筋十軒で世襲制をとり、その中から順番にトウ元を出していたが、現在では地区単位となり、順番の廻って来た地区でその年のトウ元と神当子を決める。神当子は両親持ちの数え年七歳から十歳ぐらいまでの男の子で、神籤《みくじ》によって選ばれる。神が穢れのない幼児に憑《よ》り付いて現れる〝尸童《よりまし》〟を意味している。

前年の宮座で正式に神当子になると、それから一年間、厳重な斎戒が課せられる。家の者とは食事の竈《かまど》を別にし、不浄のかかっている女性（月のもの、出産直後、服喪中）の炊いたものは口にしない、髪を摘まない（膚に刃物を当てない）、身体に血の出るような傷をつけてはならない、などの禁忌のほか、毎月朔日《ついたち》と十五日には志波宝満宮下の汐井場で禊ぎをしなければならなかった。このうち「一年間髪を摘まない」という禁忌は、戦後になって小学校の先生から「女の子の様だと友達にからかわれるので止めて欲しい」との申し出があって取り止めになっている。

　宮座に戸童が出る例は福岡市西区能古島白鬚神社おくんちの宮座にもある。能古島ではこれを〃御幣持ち〃と呼び、トウ（座元）の組から五、六歳の男の子が神籤で選ばれ、トウに迎えられた御幣を、宮座当日神社に納める役を勤める。神の依代である御幣を奉持すること自体が戸童を意味している。この〃御幣持ち〃にも古くは厳重な斎戒が課せられていたと思われ、現在の慣行にその片鱗が覗かれている。宮座当日の朝、御幣をお宮に納める前に、剃刀《かみそり》で髪の毛を剃ることになっているが、そのとき額の上に三日月型に髪を剃り残す。おそらくはさきの黒川の場合と同じく、御幣持ちになった段階から髪を摘まないという斎戒を課せられていたのが、忌み観念の衰退とともに、三日月型の剃り残しにその痕跡を留めるようになったものと思われる。

三日月型に髪を剃り残した〃御幣持ち〃の少年（能古島・白髪神社）

　神事に携わるものの斎戒の一つに髪を摘まないという禁忌があるのは、「膚に刃物を当てない」ということ、すなわち出血のおそれを避けることを意味している。出血は死に繋がるからで、古代からの忌み観念に〃死穢〃とともに〃血穢〃が最も重きをなしていたのは周知の通りである。「膚に刃物を当てない」という禁忌が文献上に現れているものに、彦山修験道の『宣度《せど》大営《たいえい》之《の》次第《しだい》』がある。江戸時代、彦山山伏の最高位にあたる「正大先達」が認可されるまでの六年間にわたる一連の祭儀、「宣度祭《せどさい》」の規式を記したものであるが、当出仕《とうしゅつし》、請取《うけとり》、当役、当役成就（大先達昇進）、駈返《かけかえり》大先達、正大先達昇進という段階が踏まれている。毎年一人、由緒ある坊から当出仕の候補者が選ばれ、一年目は先輩から修行に当たっての儀礼・作法の伝授を受け、二年目の十二月十三日に行われる〝髪立座《かみたてざ》〟で請取となるが、この髪立座の項に「今日より宣度役三年成就の間、鬚髪を剃らず、爪を切らず、清浄を犯さず」という戒律が記されている。

当役成就は翌々年、春の峰入りを終えたあと、四月二十日に行われる〝返立座《かえりたちざ》〟でなされるが、当役はその日の未明に剃髪をし、四百八十日間にわたる〝有髪延爪《うはつえんそう》〟の斎戒を終える。平戸市松浦史料博物館に収蔵されている「英彦山権現祭礼絵巻」には、峰入行列の先頭に髪と鬚を長く伸ばした当山伏の姿が描かれている。ここで「爪を切らず」という斎戒が課せられているが、鋏もまた刃物である。ただし、いかに斎戒とはいえ、爪の場合は四百八十日間も伸ばしたままでいるわけにはいかない。おそらくは、金物のヤスリの替わりに、目の粗い石か何かで削っていたとも考えられる。

「皮膚に刃物を当てない」という禁忌は、注意して見ると、民俗慣行にも現れている。

人が初めてこの世に生を受けるとき、その介添えをしてくれる人をコズエ（子添え）ババサンとかトリアゲババサン、ヘソババサンとか呼んだが、専業の産婆さんになる以前は、村内の経験に富んだ老女に頼むのが普通であった。呼び名の通り、母親の胎内から産まれてくる新しい生命をトリアゲて、最初に行うのがヘソの緒を切ることである。そのとき、鋏を用いず、切り口を石に当てて竹べらで切っていたという。昔の出産は現代よりもはるかに母子とも死の危険を伴っていただけに、刃物を避けたとも考えられるが、一面、出産は〝白不浄〟と呼ばれ、ヒ（忌）ガカカッテいる間にはさまざまな禁忌が課せられる。その最初にあたるのが刃物を用いないヘソの緒の処理であったとも受け取れる。そして、生児のヒアケを示しているのが〝産毛剃り〟ではなかったろうか。産毛剃りは生児に初めて剃刀を当てる儀礼で、原則的に宮参り前ということになっている（生後十一日目、十九日目のこともある）。斎戒を終え、身を清め、ハレの状態になって初めて氏神に参り、新しく氏子入りをすることになる。

「爪を摘まない」ことが潔斎を意味していたと思われるものに、正月六日夜の〝六日爪〟という習俗がある。六日の晩には翌正月七日の七草粥に用いる春の七草をまな板の上で叩く〝七草叩き〟を行うが、その汁を爪につけると〝爪患い（爪の根が化膿する）〟をしないと言っており、そのあとで爪を摘んでいた。それを〝六日爪〟というが、裏をかえせば、この日から「爪を摘まない」という斎戒に入ることを意味していたようにも受け取れる。

というのは、翌七日は小正月の〝物忌み入り〟という意味合いが含まれているからである。古くは正月十五日と七月十五日は、一年を二つに分けた先祖祭りの日であったのが、盆の習俗が加わるに及んで、一月が歳神祭り、七月が先祖祭りとして定着するようになった。さらに朔旦《さくたん》正月の大正月が一般化するにつれ、望《もち》の正月、小正月の影が薄くなったが、小正月のほうに古い習俗が残っているのは、これまでにもしばしば指摘されて来たことである。そうしたなかで、盆の入りが七月七日であることと対比させれば、正月七日は〝小正月の入り〟に当たる。その七日を前にあらかじめ爪を摘んで、斎戒に入るのが〝六日爪〟の習俗ではなかったろうか。

人が神事に関わる際の〝血忌み〟の習俗は、身を慎んで神に奉仕しようとする意識の現れにほかならない。禊ぎ、籠もり、別火精進など、数々の潔斎があるなかで、「膚に刃物を当てない」という斎戒は極めて重要な意味を持つにもかかわらず、あまり目立たないだけに、現在では〝血の穢れ〟が拡大解釈をされ、差別用語として用いられている傾向にある。

第六章　祝い事と弔い事

婚礼の変質と共同体

知り合いの若い二人から結婚式の仲人を頼まれた。出雲大社で式をあげ、ホテルで披露宴を開きたいという。二度手間になるではないかと訳を聞いてみると、以前ホテルで友人の結婚式に出席した時、別室で盃《さかずき》ごとを務めた神主が、披露宴のあとロビーで出会った時には背広姿のホテルマンに変身していたのを見て、ガッカリするより腹が立ったという。あんな偽神主ではなく、出雲で本物の神主から神前結婚式をしてもらいたいとのこと。もっともだとは思ったが、出雲まではと二の足を踏んで、「いっそのこと人前結婚式にしたら。三三九度の盃は私がしてあげるから」と切り出してみたら、「お願いします」との返事。

三三九度の盃をと言い出したのは、私自身が一九四六（昭和二十一）年に結婚した時、仲人を務めてくれた伯父に、雌蝶《めちょう》・雄蝶《おちょう》を指図して盃ごとをしてもらった経験からだった。終戦直後のことである。戦争で両親を亡くし、義兄宅での結婚式であったが、いまにして思えば、「嫁入り婚」の最後の時期に当たっていた。戦後の物資不足と窮乏が、二年後に公民館結婚式という新しい「出会い婚」の形式を生み、それを境に「嫁入り婚」は姿を消してしまった。

その日は雨だった。雨傘の嫁入り行列が三キロほどの道のりを歩いて来た。嫁だけが勝手口から上がり、濡れたコートを脱いで仏間に入り、花嫁衣装に着替え、座敷に出て嫁の座についた。私の境遇もさることながら、酒も米も配給制のなかで、お互いに限られた親族だけの小宴ではあったが、経験を積んだ伯父の仲人で、一部の隙もない古式豊かな祝言ができた。従姉《いとこ》の熨斗《のし》踏《ふ》みと、雌蝶・雄蝶に指図をして盃ごとを進めた伯父の声音《こわね》がいまだに耳目に残っている。その盃ごとを若い二人にしてやりたかったのである。

三三九度の盃といえば神前結婚式が思い浮かぶ。若い二人が出雲大社でと言ったのがそれである。ところが婚礼に神前結婚式が導入されるようになったのはごく新しく、「嫁入り婚」が「出会い婚」になってからのことである。最初は神社で行っていたのが、ホテルや結婚式場で別室を設けて営まれるようになった。神式の三三九度の盃は、大中小の三ッ組盃を用い、小を婿《むこ》から嫁、中を嫁から婿、大を婿から嫁と渡しながら、神酒を三度に分けて注ぎ、三度に分けて呑むというもので、明治三十三（一九〇〇）年の皇太子（後の大正天皇）のご成婚で行われた形を踏襲《とうしゅう》したものという。三という吉数を組み合わせて最高の吉数九にしたというだけのものである。

民間の婚姻における夫婦盃《めおとさかずき》の三三九度は、室町末期（一六〇〇年代）以後の記録にも見え、江戸時代の「嫁入り婚」によって定着しているが、その儀礼にはただの吉数というだけでなく、別の意味が含まれていた。

福岡県福津市津屋崎町在自《あらじ》の上妻保《こうづまたもつ》さん（明治三十四年生）が遺した筆録「安良之《あらじ》今昔物語」には詳細な「嫁入り婚」の記述が見られるが、盃ごとの部分だけを略記する。

祝言の席に付くのは本客だけ。座位は正面に仲人、両側に婿方・嫁方の両親、兄弟、親族が向かい合って並ぶ。三三九度の盃は、座の中央に島台を置いて花婿・花嫁が対座し、仲人が指図して仲人夫人の介添えで行われる。給仕人が盃を載せた三方を花嫁の前に置くと、仲人夫人が小の盃を花嫁に渡し、雌蝶・雄蝶が両側から少量の酒を注ぐ。少し呑み残した盃を仲人夫人が三方に戻し、給仕人がそれを花婿の前に置く。婿は自分で小の盃を取り、雌蝶・雄蝶が酒を注ぐと同じく少し呑み残して三方に戻す。そのあと小の盃が再び嫁に返り、嫁の受けた盃を仲人夫人が三方の脇に置く。中の盃は婿が先に受けて嫁にまわし、もう一度婿に返る。最後の大の盃は嫁から婿、婿から嫁へと移って、めでたく三三九度が納まる。

夫婦盃が終わると親子、兄弟、親族盃に移る。仲人が雌蝶と雄蝶の銚子《ちょうし》の酒を混ぜ合わせてそれぞれの銚子に分け、婿と嫁が相手の両親、兄弟、親族の前に行って盃を取り交わす。盃ごとが終わると本客の披露宴が夜明けまで続く。翌日は祝言に出席しなかった親戚と組内への披露宴「酒飲み客」、次の日に加勢人を慰労する「マナ板流し」と、都合三日間はかかる。

以上が上妻さんの記録である。この記録で三三九度の盃を注意してみると、小の盃で嫁が少し呑み残したのを婿に渡し、婿がそれに注ぎ加えた酒を同じく少し呑み残して嫁に戻し、嫁がそれに再び酒を加えて飲み干している。まさしく二人の血の交流を象徴的に表した儀礼にほかならない。神前に供えた神酒を戴くことが神との交流を意味しているのと同様に。続く親子、兄弟、親族との盃は、新しく誕生した夫婦の一族への加入であり、婚姻は家と家との結合による新しい共同体の成立である。「嫁入り婚」にせよ、それ以前の「婿入り婚」にせよ村落共同体を基盤としていた。

戦後に新しく生まれた公民館の新生活運動が、物資の不足をきっかけに、煩雑な村落共同体の「嫁入り婚」に変わるものとして、簡略な公民館結婚式という「出会い婚」を奨励した。婚礼の衣装から膳椀類、式場の幕から金屏風まですべて公民館に常備し、当日の食膳は婦人部の手で整えられた。質素な公民館結婚式は戦後の混乱期の救世主として瞬く間に普及し、「出会い婚」が一般化した。しかし、それも長くは続かなかった。結婚式は若い男女にとっては一生に一度の機会である。できるなら晴れやかな舞台で人々の祝福を受けたい。家族も家と家との結びつきだけに見劣りのしない儀式にしたいという意識がある。

戦後の復興と経済成長が異例の速さで進んだなかで、いち早くそのことに目をつけたのが結婚産業であった。都市を中心に結婚式場ができ、大型ホテルに軒並み結婚式場が設けられ、業者の企画による「出会い婚」が全盛期を迎えた。お互いが企画を競い合うなかで、焦点となったのが披露宴である。結婚式の要《かなめ》ともいうべき夫婦固めの三三九度の盃は、限られた親族だけが別室で形式的に短時間で済ませ、新郎新婦の披露宴会場への入場からが本番になってしまった。村落共同体が弱体化し、青年層の都市進出によって新しく生じた職場共同体（?）のもたらした現象でもある。

さきの若い二人が抱いた不満が単なる偽神主による盃ごとだけでなく、中身のない、趣向を競うだけのショー化した最近の披露宴が、ますますエスカレートしていることへの不満も含まれているように受け取れた。

私の提案した人前結婚式の意図は、夫婦固めの盃と親子盃、兄弟・親族との盃によって、新夫婦に姻戚という新しい共同体の誕生するのを公開の席で行い、臨席の方々に直接祝福していただきたいということにあった。つまりは三三九度の盃をメインにして、祝言と披露宴を同じ会場で行い、披露宴に御招待した職場の上司、友人・知己の方々には「お立会い人」として、末永く二人の将来を見守っていただきたいということであった。

祝言と披露宴を同じ会場で行うとすれば、当然出てくるのが座席の問題である。披露宴では正面のヒナ壇に新郎新婦を挟んで仲人夫婦、座席は上座から来賓、職場の上司、友人・知己、続いて両家の親族から兄弟、そして末座に両親というのが普通である。それに祝言を合体させるとなれば、空間を分ける必要が生じる。夫婦盃に続いて親子盃、兄弟盃、親族との盃を行うのには、それらの席に近い場所、つまりは披露宴のヒナ壇とは向かい側の場所に盃ごとの空間を設けるがいい。その前に両家の血縁が向かい合って位置し、それを囲んで披露宴に臨席された方々が座を占めるという形である。

常識的に考えれば披露宴会場の末座に祝言の席を設けることになるが、その場を祝言を行うための特別の空間と考えれば問題はない。祝言の盃ごとで一区切りをつけ、披露宴に移ることを告げて、仲人夫婦が新郎新婦を伴い、ヒナ壇に移動して、恒例の仲人挨拶に始まる披露宴に移ればきわめて自然な流れになる。図解したプランを二人に見せたところ、全く異存がなかった。

もっとも難色を示したのがホテルのフロントであった。ホテル側の示した結婚式・披露宴の企画書は、全く当方の意図とは別のもので、別室の結婚式場は不要、指輪交換なし、ケーキカット・キャンドルサービスなどのオプションもすべて不要。ただ披露宴会場に三三九度用の金屏風と白木の台に三ッ組盃と三方、銚子二つを揃えてくれればいい、と言ったところ、受付嬢はけんもほろろ、ここでは受付られないので式場係りに言ってくれという。三人で苦笑いをしながら式場係りの男性に会って話すと、こちらの意図を理解して細かな打ち合わせができた。打ち合わせをすませて、二人に一つだけ注文をつけたのは、地味な式だけに司会者をプロのナレーターにして欲しいということで、臨機に対応できる気心の知れた方を紹介した。

当日は思い通りの式場ができていた。司会者が人前結婚式の趣旨を説明して、拍手のなかで二人が入場して盃ごとの位置につく。仲人の私が婿側に、家内が嫁側につき、雌蝶・雄蝶が二人の前に並んだところで、司会者が「只今から三三九度の盃を執り行います」。

上妻さんの記録にあった順序で、伯父の声音を思い浮かべながら、雌蝶・雄蝶に指図して盃ごとを進めた。小の盃が嫁↓婿↓嫁、中の盃が婿↓嫁↓婿、大の盃が嫁↓婿↓嫁と進む間に、お祝儀の謡三番が入って区切りをつけた。夫婦盃が終わると親子盃、兄弟盃、親族盃となるが、時間の長引くのを考慮して親子盃だけとし、兄弟・親戚は披露宴の招待客「お立会人」と一緒に「列杯」の形にした。あらかじめ机上の土器《かわらけ》に酒を満たしておき、司会者の「乾杯をお願いします。おめでとうございます」の音頭で花嫁・花婿とともに乾杯をして拍手。ここで祝言の終わり。

「それでは只今から披露宴に移らせていただきます」と司会者。三三九度を終わって新郎新婦になった二人を伴ってヒナ壇に移動し、恒例の仲人挨拶から披露宴が始まった。来賓、職場の上司、友人達の祝辞も暖かさのこもったもので、和やかな宴《うたげ》を終えることができた。

この人前結婚式は後日新聞に取り上げられた。平成五（一九九三）年一月九日の『西日本新聞』朝刊地方版「福岡の文化点検」の欄だった。「消える郷土のかたち」シリーズに冠婚葬祭をテーマにした中で、「消えた共同体とのつながり」「結婚式は簡略化され　披露宴は派手に」という見出しで内容が紹介された。末尾にあった福岡市住吉神社宮司のことば、「結婚式の変質は業者に踊らされた面はあるにしても、共同体への血の混入という本来の意味が失われてしまったのではないか」に、我が意を得たりという思いがした。

葬式組と野辺の送り

結婚して初めて生まれた女の子を失った。昭和二十三（一九四八）年八月、百日《ももか》の祝いをすませたばかりだった。風邪をこじらせた肺炎で発病からわずかに二十四時間。若い二人はあまりのショックにただただ呆然としていた。

事情を知って隣家のおばさんが来てくれた。何から手をつけていいかわからず、ただ腰が抜けたようになっていた二人に、「あんた達はなーんもするこたぁいらんと。なんができるもんか。みんなうちたちがしちゃるけん」。

「お願いします」と言うのがやっとのこと。

その後のことは全く記憶に残っていない。ただ、二キロメートルほど離れた火葬場まで、長さ一メートルにも満たない小さな棺を担いだ短い行列のなかに妻の兄がいた事と、骨になった小さな遺体に、すでに形のできた歯の覗いていたのが瞼に残っているだけである。

すべてを組内の葬式組で処理して下さったのである。この時ほど近所の有難さが身に沁みたことはなかった。あとで知ったことであるが、乳幼児の死は一年以内の場合、葬儀もせず墓も作らないという風習があったという。私の子供の場合、僧侶の筆による位牌も残っており、きちんとした葬儀も行われ火葬場までの野辺の送りもして貰えたようである。

台湾で生まれ育った私には、内地のムラにこのような「葬式組」という相互扶助の組織があったのを知らなかった。姉の嫁ぎ先を頼って福岡県田川市川宮にムラ入りをしたばかりの若い夫婦を、何のこだわりも無く受け入れてくれた。一つだけ義務付けられたのが、組内で次の葬儀があるまで、二十客分のお斎《とき》の膳椀類を我が家で保管することだった。

次の葬儀までそんなに長くはなかった。「講内《こううち》に不幸ができたので出ておくれ」と連絡があって、教えられた組長（?）宅に出かけた。通夜の晩だった。十五、六人の人々が集まっていたが、隣組のメンバーとは若干違っていた。「佐々木さんが新しく講内に入りました」と紹介されて、「講内」と呼ぶ、戦後にできた隣組以前からの組織であるのを知った。長老の組長が和紙を綴じた古い帳面を広げて、「役割を割当てます」と、あらかじめ決めていた役割分担を読み上げ、確認を求めて帳面を回した。

初めて手にする「役割帳」だった。厚さ三センチほどの小横帳。手垢でうっすらと汚れていたが、明治初年からの書出しで、亡くなった方々の氏名、日付けと講内の人々の役割分担が記され、末尾にその時の組長の署名があった。初めて見た役割名である。「告げ人」二人、「寺行き」二人、「棺さし」四人、「穴掘り」四人、「買物」三人の名前が書かれていた。私は「告げ人」だった。何のことやらわからなかったが、相方の一人が隣家のおじさんだったので、あとで聞いてみることにした。そのあと、葬儀の時間、お斎の場所、葬儀の受付、野辺の送りなどの打ち合わせがあって散会した。

帰り道に「告げ人」について聞いてみた。亡くなった方の親類縁者に、訃報《ふほう》と葬儀日時を知らせに行くことで、必ず二人で行くことになっていたという。今では家の者が電話や電報で知らせるので、「告げ人」の仕事は医者から死亡診断書をもらって、役場に死亡届を出し、火葬認可書を貰って来るだけですむ、と教えてくれた。ほかの役割についてはお宅に伺って聞いた。「寺行き」は檀《だん》那《な》寺の僧侶への連絡で、通夜の枕経の依頼、葬儀の日時の連絡と、当日の僧侶の迎え、法衣、木魚、鉦《かね》、鐃鉢《にょうばつ》などの道具運び、これも二人で行くことになっている。「棺さし」は棺および祭壇・装具作りで、講内に大工仕事のできる人がいればその人が中心になる。「穴掘り」は土葬のときの風習をそのまま受け継いだ呼び名で、火葬になった今でも四人と決まっており、火葬認可書を持って火葬場で日時を連絡したり、葬儀屋との打ち合わせをしたりする。「買い物」は蠟燭・線香その他葬儀に用いる小道具や、お斎の食材などの買い物が役目で、「通い帳」に記入してあとで葬家に渡す。お斎は講内の主婦の役目で、適当な家を借り、主婦全員が出て、賄《まかな》いと振舞いに当たる。

葬儀は翌日自宅で行われた。講内のもの全員が早朝から準備にかかった。準備が終わる頃に弔問に訪れた親族にお斎。「寺行き」が僧侶の迎えに行くと、残りのものは受付に当たった。葬儀が終わると身内のもので入棺をして、縁側から出棺、「野辺の送り」に移る。土葬の時代には墓地に斎場を設けて葬儀が行われていたので、墓地まで葬列を作って送るのが「野辺の送り」であった。今回は自宅での葬儀で、火葬場までの「野辺（?）の送り」であった。葬列はリョウタツ（龍頭）を先頭に四本幡、シカバナと続くが、これらは白木の位牌、香入れなどとともに講内の者で作った。四本幡、シカバナのあとから、身内のものが棺を担ぎ、白木綿一反の端を棺に結いつけた「善の綱」を近親者が曳いて行く。そのあとから家族と親族が従って火葬場まで行き、講内のものはリョウタツ、四本幡などを持って一足先に帰り、お斎の行われた家で慰労宴を行った。

これが「講内」と呼ぶ「葬式組」による葬儀への初参加であったが、初めての地域共同体への仲間入りでもあった。しかも、それを知る前に、娘の弔いに恩恵を受けていただけに、忘れられない直接体験として残った。そして、それがその後に始めた民俗調査でも、地域民俗を見る時、先ず「共同体社会」を基点に調査を始めるようになった。

その後、夫婦揃って福岡市に転勤し、郊外の新興住宅地に居を定めたが、新しい都市生活には地域共同体の温もりはなかった。各地から集まった未知の人たちだけに、隣組の常会以外に親しく語り合う機会もなかった。そうした間隙を縫って葬式産業がめきめきと需要を伸ばし、都市生活ではなくてはならないものに成長した。大都市だけでなく、地方の中小都市にまで葬祭場が進出し、村落共同体の弱体化に伴い、農村部の需要にも応じるようになった。一旦業者の手に移ると形式を競い合い、演出を凝らす傾向が強くなり、いたずらにセレモニー化してしまう。それに嫌気がさしたのであろう、最近の傾向として、できるだけ公表を避け、会葬者に迷惑をかけないように配慮し、密葬、家族葬、お別れ会などですます場合が多くなった。

本来はイエとかムラとかの共同体で死者を弔い、その再生を願うまつりであった「お葬式」が、その聖なる側面を喪失した表れである。

昭和六十（一九八五）年二月四日、義母の死に遭遇した。農村における、昔ながらの「葬式組」の加勢による心のこもった共同体の葬儀であった。事前の準備から、お斎の接待、受付け、進行に至るまで、一切が組内の人びとの手でなされるのを見ながら、久方ぶりに大切なものを取り戻したような感に打たれた。

贈答のしきたり

年末と盆前になると家内が恒例の歳暮と中元の物色にギフトセンターに出向いて行く。以前は職場の上司、いつも何かとお世話になっている方々、兄弟や身近な親戚と姻戚、長く交際の続いている友人知己、歳暮・中元を贈ってくれた人々への答礼などでかなりの数にのぼっていたが、年とともにそれも減ってきた。職場関係が無くなり、交際範囲も相手が亡くなられたり疎遠になったりしたせいである。

そのほかには出産、結婚、葬儀などの祝儀、不祝儀があるが、これも歳のせいか最近では不祝儀のほうが多くなっている。

現在の贈答は、旧来の伝統的な共同体の贈答に比べると、対象も異なり、新しく加わったもの、変質したものが多い。

元来、贈答慣行そのものが、共同体社会における結束を固める役割を持っていたので、正月礼、盆礼などの年中行事、子供の出産と育児、婚姻、年祝い、葬送などの通過儀礼がその機会であった。

正月礼、盆礼は、そもそもが先祖祭りに当たって一族のものが供物を持ち寄ることに始まっているが、職場関係の上司や仕事で世話になった人に物を贈るようになったのは、明治三十(一八九七)年代以降のことで、それまでは掛かりつけの医者や、平素から牛馬の手当てにあたってもらう伯楽《ばくろう》へ、礼金とともに米、野菜などを添えて贈る程度であった。

正月礼で目立っていたのが、新しく嫁を貰った家が、嫁の実家へ鰤《ぶり》一匹と鏡餅を贈ることで、鰤は大きいほど「ヨメゴブリガイイ」と言われ、「ヨメゴモチ」も二升餅一重ねから一斗餅一重ねまであった。貰った方も小さめの鰤と鏡餅を答礼としていた。仲人や縁談をまとめてくれた世話人にも、小さめの鰤と餅を贈ることもあった。嫁の実家では貰った餅を十一日の鏡開きの日にハミキリ(藁切《わらき》りの刃物)で四角に切って近所に配った。

盆礼は仏教行事の盂蘭盆会《うらぼんえ》になってから、初盆には親戚から盆提灯や燈籠、素麺《そうめん》や落雁などが贈られ、近隣からの初盆参りには素麺などが供えられるが、答礼には団扇《うちわ》や落雁などを持ち帰ってもらう。盆の贈答は、今の中元に当たるが、子供から親へはシャツや下駄、草履などの履物が多く、親が子に買い与えるものでは下駄が多かった。家ごとの付き合いでは素麺、酒、干し鱈《たら》や履物が多かった。

正月礼、盆礼もそうであるが、旧来の贈答には各地でさまざまな慣行が見られ、共通しているのは中味が食品と衣類ぐらいのものであることから、ここではごく特徴的な事例をあげて、その傾向を見るに留めたい。

子供の出産に当たっては、五ヵ月目の戌《いぬ》の日に嫁の里からサカエ重（贈答に用いる重箱）に入れた赤飯と晒《さらし》一反（岩田帯）が届けられる。出産祝いには近隣や親戚から赤飯、卵、飴《あめ》、砂糖や布切れなどが贈られ、実家からはサカエ重にいっぱい小餅を入れ、産着とともに届けられる。婚家では小餅を「コモチマシタ」といって近隣に配る。産婦の床上げには、里方の親戚が赤飯、饅頭《まんじゅう》、押し寿司などをサカエ重に入れて持ってくる。婚家では紅白の餅を搗いて親戚、近隣に配ったり、赤飯を蒸し、引き出物の半襟などを準備して、親戚、近隣の女達を招いて「赤ちゃん見せ」をした。

宮参り着物は里方から贈られ、姑が抱いて宮参りをした帰りに、道々親戚や知り合いの家に寄って着物の紐にヒモ銭を結びつけて貰う。赤飯のお握りを作って配るところもある。百日《ももか》の祝いは、赤飯を蒸し、百日茶碗で膳を作り、赤ん坊の口に飯粒を二、三粒入れて喰い初めをしたあと、赤飯に田作《たつく》りを添えて近隣に配ったが、なるべく広く配るほど子供が丈夫に育つと言われていた。モモカ餅や饅頭を配ることもあった。初正月は男女とも長子の場合に、里方から男児には破魔弓、女児には羽子板が贈られ、親戚からもそれぞれ祝い品が贈られるが、この風習は全国共通なだけに、比較的新しい流行と見られる。

初節供は女児には雛《ひな》人形、男児には鯉幟や武者幟、兜人形などが里方から贈られるが、これも長子の場合に限られ、時代差、地方差がある。例えば雛人形の壇雛などは昭和に入ってからのもので、博多や筑後地方では手製のオキアゲ人形が藩制時代から見られた。

筑前地方では博多を中心に男児の初節供はむしろ八朔節供の方に重点が置かれ、長子の場合に笹飾りを作る。笹に下げる、薄板や紙で作った宝船、福良雀《ふくらすずめ》、打出の小槌、熨斗《のし》、弓矢、短冊、博多半面などの縁起物は里方や近親者から贈られる。笹飾りを床柱に取りつけ、その下に嬰児をイグリ(藁製のお櫃《ひつ》入れ)に入れて据えておくと丈夫に育つという。翌朝サゲモンの付いた笹の枝を折って、八朔団扇、子供の名前を書いたお札紙に、バケツ、メゴ(ザル)などの台所用品を添え、近隣に「子供をよろしく頼みます」といって配って回る。初誕生には両家の両親が揃って祝い膳で祝うが、そのあと生児に「餅ふみ」と「物選び」をさせる。餅は紅白の重ね餅で、踏んだあとで小さく四角に切って近所に配った。

こうして生児の出産、生育祝いの習俗を見てくると、贈答が男女とも長子に限られ、贈物が、生後一年間は嫁の実家からの祝い品が中心になっているのがわかる。そしてこれまで見てきた贈答慣行を通じて、人から物を贈られるということが、福を授かり、その答礼に物を配ることが、厄の分散を意味していることに気がつく。それを端的に現しているのが博多の八朔節供であった。

物を配って厄払いをする風習には、男四十一歳の誕生日に紅白の餅を搗いて親戚や近隣に配るところがある。太宰府天満宮の信仰圏に多いが、広く配るほど「厄をカラッテ(かるって)もらう」という。女の三十三歳には、身内のものから長いものを貰うと厄払いになるといわれ、里方から帯や帯締めが贈られる。また、還暦、古稀、喜寿などの年祝いにも厄払いの要素が見られ、子供達が集まって赤飯、餅で祝ったあと、それを近隣に配る。

婚姻で最初に物を贈るのが、縁談のまとまった時のスミ酒で、婿方から酒一升と鯛一匹が贈られる。「一生一代」と意味付けられている。嫁方では親戚や近隣を呼んで、贈られた鯛で祝い酒を振舞い披露する。結納はユイノモノ、すなわち両家が新しく姻戚としての生活関係を取り結ぶ共同飲食のための酒肴のことで、古風な婿入り婿では婿がこれを携えて婿入りをしたといわれている。嫁入り婿ではスミ酒に続いての正式な婚約で、婿方よりお茶、酒（角樽）、鯛のほか、末広、共白髪、熨斗などの縁起物に、留袖、長襦袢、丸帯その他の衣類、履物などを揃えて届けた。結納品は品目や飾り付けに地域差が見られる。

嫁方では「お茶ビラキ」といって、親戚や近隣に結納品の披露をした。嫁入り前に道具送りがあるが、嫁の親戚からは嫁入り道具が贈られることもあった。婚礼は婿方で行われたが、本客の引き出物には、三の膳の細工蒲鉾、餅、鯛の浜焼きなどがあてられた。婚礼以後の嫁の挨拶回りは、姑に連れられて、お茶、手拭い、洗い粉などを持参して行った。筑前地方では茶行李と呼ぶ竹で編んだ平たい入れ物に載せ袱紗《ふくさ》をかけて行った。訪問を受けた側は、熨斗《のし》（アワビのし、ハコフグ、クジラのヒゲなど）を前に置いて挨拶を受ける。婚礼後に嫁が始めて里帰りをする時は、紅白の飴入り餅をサカエ重に沢山入れて持って行く。実家ではそれを近所に配る。初正月に婿方か嫁の里方にヨメジョブリ、ヨメジョモチが届けられるのは前述の通りである。

葬儀の通夜をヨトギという。近い親戚は重箱に入れた夜食と菓子を持参し、近隣からはお斎《とき》の時のオトキ米と夜食の大豆飯などを持参する。葬儀の日のお斎は近親者だけで死者との別れをするのが本来の形で、オトキ米を持参して膳になおる。御仏前はお金ではなく米で、組内のものは米一升（オトキ米）が普通で、親戚はそれより多かったが、付き合いによって違いがあった。他家に縁付いた子供や近親者も米で、米一俵を「棺敷米《かんしきまい》」として届けるところもあった。お寺への戒名代、葬式代を意味していた。

組内へのお礼は、葬式組としての加勢があっていたので、葬式後に酒肴で慰労宴をしてもらった。初七日の法事には親戚が集まるので、法事のあと夜食に小豆御飯、バラ寿司、煮しめなどを出し、オヒラに付けた饅頭を持って帰ってもらう。七七日に当たる四十九日には親類縁者を招いて法事を営み、そのあと、魚を使った料理で精進上げをする。お参りの人はサカエ重に米一、二升か餅、饅頭を持参し、土産には饅頭を貰って帰る。

こうして旧来の贈答慣行を眺めてくると、その対象が親戚と姻戚、近隣という範囲で、お互いが密接な結びつきの中に、それをより深めて行こうとする心の通いが感じられる。

商業主義に乗せられて形式にこだわり、時には虚礼と非難される、現代の贈答との相異を意識せざるを得なくなる。

第七章　ムラやマチの信仰行事

直会の酒

「直会」と書いてなおらいと読む。『広辞苑』には「ナオリアイの約。斎《いみ》を直って平常にかえる意。神事が終わって後、神酒・神饌をおろしていただく酒宴。また、そのおろした神酒」とある。

普通よく使われるのが、農村における収穫祭の宮座の席であるが、佐賀県では正月の年賀の客に出す祝い酒をノーリャー、またはニョーリャー。福岡県の筑後地方では正月に家族で正月酒を祝うのをオノレと呼ぶ。いうまでもなくナオライの転訛《てんか》であるが、三方に米を盛り、周りに昆布・するめなどを小さく刻んで置いたオテカケサン（お手掛けさん）を添える。オテカケサンはお鏡餅と一緒に床の間の歳徳神《としとくじん》に供えておくところから見て、まず神饌に間違いない。俳諧の季題では「蓬萊《ほうらい》飾り」（関西）、「喰積《くいつみ》」（関東）、西日本ではオトリゾメともいう。オテカケサンは盃の席に添えるだけで、手をつけなくてもいいと言っているところもある。

収穫祭の宮座は北部九州に満遍《まんべん》なく行き渡っているが、氏子のうちの特定のイエ筋の者が司祭者となって営まれてきた。その年の収穫物で調製された神饌が神前に供えられ、一同が拝殿に座を占めて神職による祭典が行われたのち、神饌を下げて盃ごとがある。これを一般に「直会《なおらい》」と呼んでいる。盃ごとの途中で、今年から来年に座元を譲り渡す〝トウ渡し〟の儀式があり、あとは無礼講の酒宴となる。神に供物を供えて祈願・感謝をこめたのち、供物を下げて神の食したものをともに戴くという、古くからの神まつりの様式を伝えたものであるが、いつも気になっているのが直会の位置付けである。

さきの「広辞苑」の解釈では、「ナオリアイの約で、斎《いみ》を直って平常にかえる意」とあって、〝解斎《げさい》〟を意味している。神をまつるために厳重な潔斎を続けて来たのを、まつりを終えたところで斎《いみ》(もの忌み)を解き、日常生活に復する、つまりハレの状態からケに戻るのが直会であるとすれば、宮座ではそれがどの段階に当たるのであろうか。

各地の宮座をつぶさに見ていると、献饌・祝詞奏上が終わって直ちに撤饌。宮座員一同がそれぞれ定められた席について盃ごとに移る。神饌は、神酒とその年に収穫された新穀、新穀で拵《こしら》えた餅、カケノイオ(鯛二尾を向い合わせてエラから口にわらを通して結わえたもの)を中心に、柿・栗・蜜柑そのほか、それぞれの地区で思い思いの供物を調製して供える。盃ごとの膳に神饌を小別けにして付ける場合もあるが、おおかたは神酒だけを戴いて、他の神饌は土産として持ち帰り、組内に分配するという形を取るところが多い。盃ごとは最初に冷酒、もちろん神前に供えた神酒である。おおむね三献。そして〝トウ渡し〟。取り肴や盃のやり取りに昔からの儀礼を厳格に受け継いでいるところが多い。

注目したいのは、〝トウ渡し〟が済むまでは宮座員一同正座をして足を崩さないでいたのが、〝トウ渡し〟が終わり、冷酒から燗酒に移る段階で膝を崩して安座することである。〝トウ渡し〟のとき、盃と祭帳を翌年のトウ（座元。当または頭と表記）に譲り渡したその年のトウが、羽織の紐を解いて安座し、譲り受けた翌年のトウが逆に解いていた羽織の紐を結び、安座から正座に座り直すのを見かけることもあるが、ハレからケ、ケからハレに移るのを示す作法である。〝トウ渡し〟のあと、宮座員が膝を崩し、燗酒が回り、やがて無礼講の酒宴になるのを見ていると、〝トウ渡し〟までが神事で、燗酒から先が斎を解いて平常に戻るナオリアイ、すなわち直会ではなかろうかと思えてくる。そうなると、最初の神前に供えた神酒を下げて戴く盃ごとは、直会とは区別されねばならなくなる。ついうっかりと、「神人共食の直会」と言ってしまうことがあるが、神人共食の方は「神との相嘗《な》め」で、斎が解けてはじめて直会になると考えるべきではなかろうか。

そう位置付けて見ると、酔いつぶれるまで飲まされる酒のことをナオライザケ（直会酒）と呼んでいるのも、〝解斎〟をしてからの無礼講として素直に受け取ることができる。

直会酒には苦い経験がある。もう三十年ほども前のことになる。

福岡県築上郡大平村（現、上毛町）の松尾山三社神社に御田植え祭を取材に行った時のことである。

直会の酒（福岡県添田町の宮座）

ここはもと「松尾山医王寺」といって彦山系に属する修験道の山で、豊前修験道特有の御田植え祭を含む〝松《まつ》会《え》〟と呼ぶ祭礼が、比較的よくその伝承をとどめているところである。

現在では四月十九日、上宮での祭典が終わると、中宮まで御神幸があって御田植え祭が行われる。すでに過疎化が進んでいて、青年に代わって西友枝小学校の生徒が受け継ぎ、学校の先生が指導して、中宮前の広庭で、楽打ち・田植え唄に続いて、畦塗り、田打ち、代掻き、種蒔き、田植えと、一通り田植えの所作が演じられる。予祝神事である。

収穫祭の宮座と違って、ここでは御神幸に先立つ上宮での祭典に、長老たちによる祭り座が伴っていた。取材に来たのだからと固辞したにもかかわらず、遠来の客ということで、とうとうその座に着かせられた。おかげでつぶさに祭り座の体験をさせられることになったが、酒の多いのには驚かされた。祭典のあと、座に着くと膳が並べられ、最初がお神酒（冷酒）三献、飯椀の蓋になみなみと注がれた酒を飲み干さねばならない。三献で約五勺。取材のことが気になるので、心してかからねばと、ひそかに飲まされる酒の量を測っていた。ここで正座が解かれ、次に燗酒。飯椀のオイ（身）で受けるのが決まりという。

しかも、〝据え注ぎ〟といって椀を膳に置いたまま、なみなみと注がれる。優に一合を越える。飲み干した証拠に椀を伏せなければならない。これがまた三献。燗酒になって膳部に手をつけることが許されたものの、お酌人が椀を伏せるのを見守っているので、あまり間もおけず、結局はたて続けに三杯ということになった。これでほぼ四合。完全に酒量を超えているのだが、緊張のせいかどうにか持ちこたえられた。一応決まりの盃ごとが終わったので、まずは席を離れて写真を撮らせてもらおうとしたがお許しが出ない。今度は磁器の盃で献酬が始まった。しかも二勺近くは入りそうな大きな盃である。おもてなしはありがたいが、居並ぶ十数人から次々と盃が廻って来るのには辟易《へきえき》した。心中ひそかに数えていた酒の量も七、八合を超えるあたりから怪しくなってきた。

待ちに待ったお開きになって、一応ここで上宮での祭典に区切りが付けられ、子供たちによる御神幸に移る。昔は若者たちの受持ちであった。上宮から中宮まで、細く急な下り坂を、ふらつく足を踏みしめて下りながら、行列へ向けて、必死にカメラぶれを抑えてシャッターを切る。中宮での御田植え祭も、朦朧《もうろう》とした意識の中で、かろうじてメモを取り、ファインダーを覗いては、ピント合わせもそこそこにシャッターボタンを押す。あとでカメラ屋から帰ってきたプリントを見て、絶妙のシャッターチャンスで捉えた映像のあるのには驚いた。変に構えなかったせいであろうか。

お田植え祭は約一時間。何はともあれ、直会酒との死闘が終わった。あとは駅までと思っていたところを、校長先生から呼び止められた。今から子供たちの御田植え祭に付き添って指導をしてくれた先生たちを慰労するから、自分の家まで付いてこいとおっしゃる。足（車）を持たない悲しさと、酔いに紛れて、ついうかうかとお供をしたのが運の尽きで、またまた新規の直会酒の場に居合わすはめになった。酒豪の校長さんから強引に奨められる茶碗酒はこたえた。

夕方近く、ようやくお許しが出て中津駅まで車で送って戴き、博多行きの特急列車に乗ったまでは覚えているが、あとは「終点ですよ」と車掌さんに起こされるまで人事不省。それでも、なんとか家までたどり着くことができた。

とにかく、後にも先にも経験したことのないすさまじいばかりの直会酒だった。翌日出勤できたのは、まだ若さの残っていたせいであろうか。

ときどき「あなたのお酒の量は」と聞かれることがある。「下限は七、八勺、上限は一升二、三合」と答えると、決まって変な顔をされる。一升二、三合は経験したことだから正直に言ったまでだが、いわば〝火事場の馬鹿力〟とでも言うべきものである。

据え注ぎと、飲み干した盃を伏せる、という決まりは、その後も何度か宮座の取材で経験させられた。盃の献酬《けんしゅう》に、取次ぎを省いて向かいの座席から盃を投げるのを「駒を飛ばす」と言っているのにも出会ったことがある。神社での祭典が終わったのち、直会の席を座元の家に移して行うところほど、酒の量も多い。無礼講の宴が延々と続いた上に、散会となってさらに〝追っ掛け〟、あるいは〝草鞋酒《わらじざけ》〟と称して、玄関先で茶碗酒を振舞うのが決まりになっているところもある。決められた盃ごとで、決められた量を飲めない場合は、介添えを頼んで助けてもらうことさえある。

直会の高盛り飯（福岡県田川市）

もっとも、戦時中から戦後にかけて、酒も食料品も不足した時代を経て来ただけに、座元が用意すべき酒の量を減らしたまま、現在に至っているところもあれば、あとで述べる特権的神事団体の崩壊に伴い、新しい宮座組織の中で盃ごとを簡略化したところも多い。そうした中で、ある程度の変遷を経ながらもなお、昔ながらの慣行を維持しているところも、決して少なくはない。

昔話の「古家《ふるや》の漏《も》り」ではないが、直会酒よりももっと恐ろしいものに〝高盛り飯〟がある。盃ごとの酒の量はほどほどにしておいて、お開きになる前の御飯に仕掛けを施しているものである。

直会の膳に付ける飯椀は、はじめは御飯をつがずに空のままで出しておき、直会酒の酒器に使うのが普通である。蓋だけですめばいいが、身まで用いると、さきの大平村のような事態になる。いずれにしても飯はあくまでもおつもり、宴の締めくくりに付くものである。それまで空にしていた飯椀に温かい御飯をよそって、香の物とお茶を添えて出す。そのおつもりに、とっておきの〝高盛り飯〟を出すところがある。

田川市上弓削田の宮座では、飯椀の真ん中に箸を立てて、その箸がかくれるまで小豆飯を盛り上げたのを、おつもりとして出す。目分量で測って三合以上、見かたによれば四合近くにも見える。ある程度飲み食いをした酒宴のあとでこれを食べなければならないのは、苦痛以外の何ものでもない。酒ならば多少量が過ぎても、どうにか流しこむことができる。それが飯となると、食道を通過するのにも時間がかかるし、胃の方でも消化能力が追っつかない。食道からあふれてくる飯を何とか飲み込もうと、目を白黒させながら高盛り飯にいどむ姿がおかしいと、お互いが自分でも苦しみながら、人の振りを見てゲラゲラ笑う。そばで見ていながら、こちらまで胸がつかえて一杯になり、座に座ることをまぬがれた幸せを神に感謝した。

大きな盃に表面張力いっぱいまで注がれた酒を、盃に顔をくっつけるようにして飲むのがここの宮座のみどころだとか、たらふく飲み食いした後に〝追っ掛け〟(酒、飯)や〝草鞋酒〟を出すのがこのまつりの特色だとか、語ってくれる古老の表情からは、無理強いをされてお互いが苦しみ合うのを、むしろ快感として受け取ってきた様子さえうかがわれる。

直会酒が、酒量の多い酒宴の代名詞になってきたところを見ると、これまであげてきたような事例が決して特殊的なものではなかったということになる。

古い時代の民俗慣行ほど、ハレとケの区別が截然《さいぜん》としていた。普段(ケの日)は一粒ずつを数えるかのように気を遣って、雑穀とまぜたり雑炊にしたりして節約してきた米を、正月や盆などの節日、冠婚葬祭などの儀礼や祭りの日（ハレの日）には、餅や団子を作ったり、赤飯にしたり、酒に醸《かも》したりして思い切りよく消費する。「祭りのときに揚げ豆腐やこんにゃくを食べられるのが楽しみだった」と語る古老の言葉には、しばしば胸につまされる思いがする。たまさかのハレの日に酒を飲み、カワリモノと呼ぶ特別の料理を食べるのは、厳しい生活条件に縛られている日常生活を耐えぬくための選択であったと思えてならない。

宮座はハレの行事の中でも際立って贅《ぜい》を尽くす。宮座への加入を認められていたものが、ムラのオモダチ（主立ち）と呼ばれる本家筋や地主層といった富裕な特権的階層に限られていたからでもある。座元ではひと月ほど前から酒を醸しておき、その酒の出来具合を見る〝酒の口開け〟に始まる宮座の日程は一週間にも及んでいた。そうした特権的神事団体で営む宮座の中に、自分たちだけの直会とは別個に、宮座に加わらないムラ人全部を座元に招いて饗応する直会があった。年に一度の大盤振舞いをすることが、特権的階層の威勢を示す半面、一般ムラ人に対する懐柔策であったのかもしれない。福岡県田川郡下津野村（現在添田町下津野）での明治四十年代の記録には、酒造米を含めて宮座で消費される米が三十俵と記されていた。こうした宮座の場合、傾向として座元の間で酒食の饗応を競うことになる。浴びるほど振舞われる直会酒は、こうした背景の中で慣習化されたものといえよう。

ハレとケの感覚が薄れ、特権的神事団体が事実上崩壊をみせた中で、現在の宮座に直会酒と高盛り飯が生き残っているのは、多分に非日常的なゲームを楽しんでいるというようにも見られる。そうした非日常性という点では、直会酒はやはり現代的なハレの日の行為と言えることになろうか。

杜《もり》と社《やしろ》とお旅所と

たしか、一九七六（昭和五十一）年放映のＮＨＫ大河ドラマ、平将門の乱を描いた「風と雲と虹と」だったと思うが、筑波の神を祭るシーンがあった。漆黒の闇につつまれた鬱蒼《うっそう》とした杜《もり》の中、篝火《かがりび》の明かりに浮き出てひと際目立つ、胸高周囲三、四メートルほどもあろうかと思われる巨木に注連縄《しめなわ》を張り、鈴を手にした巫女《みこ》がその周りを舞いながら左回りに回る。回るほどに舞うほどに鈴の音が激しくなり、巫女が物狂いをして神の降臨し給うたのを告げる。周りを取り囲んでいた人々が来臨された神を拝し、祈りを捧げては、三々五々、闇の中へと消えていく。万葉集に出てくる筑波の神の祭りの夜に男女が言問《ことと》う（愛のことばを交わす）、「擢歌《かがひ》」が思い浮かんだ。

神は人の住む世界とは別の、異界に坐《いま》すと信ぜられていた。古代人がそれを天空の彼方とみなしたであろうことは、『古事記』の「高天原神話」からもうかがわれる。その神が人間界に降臨されるとき、地上から天空にもっとも近い秀麗な山容をもつ山の頂を連想したであろうことも、同じく『古事記』の「降臨説話」が物語っている。大和三山のような神奈備《かんなび》型の山が神体山と見られたり、山頂近くの水源に水分神《みくまりのかみ》を意識したりするのも同じ発想である。

それが村里になると、天空に向かって聳え立つ巨木を依代《よりしろ》として神が天降ると考える。神木である。神木の周りに樹木が生い茂って森になる。「神の杜《もり》」である。杜の中に神の宿る館として社《やしろ》を設けるようになったのはいつの頃のことであろうか。農村を歩いていると、必ずといっていいほど広々とした田圃の中に一カ所、こんもりとした森があって、その入り口から鳥居の覗いている風景を見かける。「鎮守の森」である。「森」と「杜」。神の来臨する社のある樹木の茂みには「杜」の字がよく似合う。

社が設けられたからといって、そこに神が常在しているわけではない。神は祭りの時にだけ招かれてこの世を訪れる。神が常在すると人々は常時「物忌み」（斎戒）をしていなければならない。神を迎えて祭りを営むには、当事者自身が清浄になっていなくてはならないからである。社を守護する神職の、祭りに先立って身を清める精進潔斎が一週間から十日以上に及ぶことさえある。祭りに加わる里人にも潔斎が課せられる。死穢《え》・血穢《え》を避け、禊《みそぎ》や別火精進（日常の食事とは別の新しい火で調理したものを食する）をし、清浄を維持するための戒律を守らねばならない。

杜（森）の中の社（朝倉市）

神霊が来臨して始めて祭りが成立する。

神霊を呼び迎えると供物を献じ、歌舞音曲を奏して神意を和《なご》ませ慰め、願い事をかなえてもらえるように祈る。中でも飲食を鄭重に勧める事が祭りの中心をなすもので、神に捧げた供物をともに戴く「神人共食」は、祝詞《のりと》が「神人対談」を意味していることと併せて祭りの古態ともいうべきものである。

一九七八（昭和五十三）年十一月、福岡市東区奈多の志式神社の「はやま神事」を取材に行った時のことである。

供物を供えての参拝（福岡市志式神社で）

神事の始まる前に広い境内を一巡していると、歳のころ八十歳を越えると思われる老女が、風呂敷包みを手にして神社を訪れて来た。拝殿で神鈴を鳴らし、拍手《かしわで》を打ち、扉の前に用意された供物台の上で風呂敷包みを解いて、中から重箱と一合入りの酒の小瓶を出し、ご馳走を詰めた重箱の蓋を取り、酒の小瓶の蓋を開けて、深々と頭を垂れ両手を合わせて祈りを籠めた。そのあと社殿を左回りに一巡りして四方から神を拝し、正面に戻るとお神酒と重箱の蓋を閉じ、元通り風呂敷に包んで帰りかけたので声をかけた。

「そのお御馳走は皆さんで戴くのですか」。「元はそこの松林に筵《むしろ》を敷いて村の者みんなが集まって、重箱を広げて直会をしていましたが、今は集まらんごとなってしまいました。祭りに来るよりも家でテレビを見とるほうがいいですもんな」。結局のところ、お婆ちゃんだけがお詣りに来て神様にお供えした供物を持ち帰り、家族で戴く「神人共食」になっているということだった。言わでものことながら、境内に入る時、手水鉢《ちょうずばち》の清水で口を漱《すす》ぎ手を洗って清めをし、拝殿で神鈴を鳴らし拍手を打って神の来臨を乞い、供物を献じ、神の召し上がった供物を持ち帰って家族で戴き、神の持つ力を付与してもらう神詣でであった。

神が祭りの時にだけ招かれて人里を訪れるという遺風は、杜の神木から社になっても続いていた。

古態をとどめている祭りほど随所にその面影が色濃く残っている。そうした神霊を送迎する風習が、やがて村内に本社とは別の宿を設けて、神移しをしたミテグラ（御幣）を奉戴し、村の主だったものが集まってそれを囲み、供物を整えて神人共食の宴を催す祭り座（宮座）や、降臨された神霊を依代に憑《よ》り移らせ神輿《みこし》に載せて、本社から離れた場所にお仮屋を設けて送迎する神幸《みゆき》を発生させた。御幸は単に本社とお仮屋の間を往復するだけでなく、氏子圏を巡幸してお仮屋に一泊してもらう場合も生じ、常設のお旅所を設けることにもなった。

神幸祭の大名行列（朝倉市・大三輪神社）

また、本来は夜間に行うべきもの（神は夜に来臨されるものと信じられていた）が日中になると、さまざまに意匠が凝らされて（風流《ふりゅう》化されたという）賑やかな神幸行列となり、観衆が生まれ、信仰圏外の人までもが来て、見て楽しむ祭礼行事となる。神意を和ませ慰める「祭り」が、人を楽しませる「祭礼」へと様変わりをしてしまった。見て楽しむ祭礼行事となった神幸祭はムラやマチでお互いに華やかさを競い合うようになる。どこかで神幸に大名行列が加わるとたちまち近隣に流行する。鉦・太鼓の賑やかな囃子《はやし》と華やかな扮装が神輿のあとから続いて行くと、その趣向が近隣にも広がる。神輿がお旅所に一泊すると、明々とした照明の中で様々な芸能が奉納され、見物の人々が夜祭りの味を満喫する。神を招いて敬虔な祈りを籠めてきた「祭り」が、人を集めて賑やかに楽しむ「祭礼行事」になると、やがて祭りとは関係のない、賑わう行事の代名詞に「祭り」という言葉が用いられ、「人寄せ」という俗っぽい意味を持つようになってしまった。

時代の移り変わりといえばそれまでである。最近町中に氾濫しているフェスティバルや商店街の「○○祭」のチラシやポスターを見るにつけ、敬虔な祈りを籠めて続けてきた杜の社と、村内に神の宿を設けて営んできた祭り行事のすがすがしさだけは、失われて欲しくないものに思われてくる。

博多の祭りと行事

「博多町家ふるさと館」の展示構成を受け持つことになった。

福岡市博多区冷泉町に戦災を免れた博多織屋があったのを移築して、博多を象徴する町家風の展示館を造るという企画だった。

迷うことなく選んだテーマが「招福・除災」。単なる思い付きではない、博多の習俗を尋ね歩いているうちに自然と固まってきた「博多」の個性だった。農村における「五穀豊穣」とは対象的で、それが生活の奥深くに根付いている。中世以来の交易都市博多なればこそであった。

博多で中心となっている祭りが、旧暦正月十五日の「松囃子《まつばやし》」と、旧暦六月十五日の「祇園山笠」。松囃子は現在では五月二日、三日、華麗な「博多どんたく港まつり」の陰に隠れるようにして、古い博多の町並みで昔ながらの姿を留めており、山笠は陽暦に移行して七月十五日になっているが、何れも天正十五（一五八七）年の、いわゆる「太閤町割」で定められた七流《ながれ》（七つの町筋）を基盤として運営されている。

松囃子は馬に乗り、面を被った恵比寿、大黒、福神の三福神に続いて、仮閣《さじき》に乗った稚児《ちご》、そのあとにさまざまな意匠を凝らした「通りもん」と呼ぶ行列が続く。「松囃子」は、本来が正月十五日の小正月に、新しい年の祝福をもたらしてくれる歳神《としがみ》を迎える民俗行事の芸能化したもので、行列風流《ふりゅう》として室町時代に京都を中心に流行を見た。松は歳神様の依代《よりしろ》、まがうかたなく年初めの「招福」行事である。

旧暦六月十五日の祇園山笠は、京都八坂神社の「祇園御霊会《ごりょうえ》」の流れをくむ攘災《じょうさい》祈願の祭り。七流から六基の山笠が出て、各流を祓《はら》って回る。夏は疫病の流行期、人口稠密地帯の都市部では、一旦発生すると下水を媒介として蔓延し、猛威をふるう。それを悪霊のなせる業として、調伏《ちょうぶく》する威力を持つ神に発動を願い退散させる。その神が祇園牛頭天王《ごずてんのう》。博多では山笠に人形を飾り、それに祇園様を憑《よ》り付かせている。

農村では春の「祈年《としごい》のまつり」と霜月（旧暦十一月）の「新嘗《にいなめ》のまつり」とが対応して「五穀豊穣」。博多では新年の「招福」と夏の「攘災（除災）」とが対応している。農村とは異なった都市の祭りの特色である。

招福、除災は祭りだけではない。博多では至るところでそれが見られる。

災いを払うことと、福を招くこととは表裏一体である。八朔節供にそれが現れている。戦前までは、初節供を迎える男の子のいる家では床柱に笹竹を結いつけ、薄板で作った宝船、福良雀《ふくらすずめ》、打出の小槌、鰹節や刺し鯖、紙で作った小型の団扇《うちわ》、大福帳、法被《はっぴ》や、八朔御祝儀と書いた短冊などのサゲモンを飾り、その下に初節供の子供をゴハンヌクメ（藁製のオヒツ入れ）に入れて据える。子供が丈夫に育つと言われた。翌朝サゲモンの枝を折り、子供の名前を書いた団扇か熨斗《のし》を添えて、「よろしく頼みます」と近隣や親戚に配って回る。縁起物を吊るしたサゲモンは招福を意味しているが、その下に子供を据えて置くのは、七夕と同じく笹に災いを吸い取らせることで、それを近隣や親戚に配るのは厄の分散を意味している。

　人間から災厄を吸い取って貰えると信じられていたものでもっとも古いのが人形である。のちに愛玩物となった人形は、もともとはヒトガタといって、人間の災厄を移し負わせる形代《かたしろ》、呪物《じゅぶつ》であった。

　旧暦六月晦日に神社で行われる〝夏越《なご》しの祓え〟に、紙でヒトガタを作って参詣者に配り、夜寝る時、床の下に敷いて寝たのを、翌朝集めて川に流すという〝流し雛〟の行事は各地の神社で行われていた。博多の人たちも春吉の住吉神社にヒトガタを受けに行っていた。

　そのほか、博多の年中行事をたどってみると、人形との関わりの多いことに気がつく。

　博多の町には、大晦日になるとオキアガリ売りが訪れていた。店先で、張子の起き上がりこぼしを幾つか転がし、東を向いた一つを買って神棚に供える。もっぱら姫達磨《ひめだるま》であるが、一年の災いを払ってくれる正月の縁起物として、町家では欠かせないものになっていた。博多の旧家に残されている幕末期の記録にも、大晦日に「起き上がりこぼし神棚へ上ぐ」とある。

年が明けると小正月の松囃子。恵比寿、大黒、福神は言うまでもなく新しい年の幸せをもたらせる神。馬に乗っているのは人間であるが、仮面を被って現れる。この仮面は事前に「面まつり」が行われ、神格化されている。

三月節供の雛飾りは、博多ではオキアゲ（押絵人形）であった。羽子板に見られるような衣装人形に竹の足を付け、藁束に刺して、緋毛氈《ひもうせん》を敷いた上に芝居絵風に飾り付ける。細工人形の一種である。博多の婦女子の手芸のたしなみでもあった。これも江戸時代から続いていた。源流が流し雛であったことは前にも述べた。

オキアゲ（福岡市西区姪の浜・伊佐家）

五月節供は男の子のいる家では、四月朔日から戸外に吹流しを立て、五月に入ると朔日から三十日まで、家の前に兜《かぶと》、槍、長刀、幟《のぼり》、そのほか木偶《で く》人形のようなものをいろいろ作って飾ったと、江戸時代の博多の習俗を記録した『石城志』に記されている。お年寄りの話によると、表通りから見えるところに兜人形を飾り、その横に舞台を作って、その年の飾り山と同じ外題のものの、小型の作り物をこしらえていたが、店構えの大きなところでは、間口二メートル、奥行き一メートルもある舞台に人形師が腕を競ったという。

これが終わると、各流とも山笠作りに取り掛かっていた。博多祇園山笠に人形を飾るようになったのは、室町時代の永享四（一四三二）年と伝えられているが、これこそ災いを移し負わせる人形の典型的なもので、博多の七流を駆け巡ったのち、那珂川の河口に近い洲崎の問屋街で解体される。人形に取り付いた災いを川から海に流すという感覚が覗かれている。

綱場町では、山笠のあと、七月二十五日に綱敷天満宮の夏祭りがあって、各店ごとにそれぞれの商品で人形に見立てた〝見立て細工〟を作って店先に飾った。太物屋は反物で、小間物屋は櫛や髪飾りなどで、思い思いの工夫を凝らし、奇抜なものを競い合った。

盆に各家で、墓地と門口に燈籠を灯すのは今でも続いているが、『石城志』には、「毎年工夫を凝らしていろいろの作り物をこしらえ、人に見せた」とある。イケドウロウと呼ばれて、これも戦前までは残っていた。板囲いをした中に砂盛りをして、小石や植木で箱庭を作り、五重塔や石燈籠を置き、谷間には白砂で川を作って橋を掛け、素焼きの〝ひねり人形〟で、さまざまな場面を作った。ひねり人形は、博多人形師の弟子たちの、いい小遣い銭稼ぎになっていたという。

こうした頻繁な人形行事は、見た目には「博多んもんは人形好き」と映るかもしれないが、その底には厄を払って福を招くという、人形に託した町人の願いがあった。しかも、都市的な感覚でそれに磨きをかけてきたところに、博多の町人文化がある。例えば、伏見人形の流れをくむ二枚型の素焼き彩色人形を、明治以降、洗練された観賞用の博多人形に仕上げたあたりにも、長い歴史を経てきた都市生活の息吹きが伝わってくる。

「博多町家ふるさと館」の展示で意図した「招福・除災」のテーマと、人形行事の展示が、果たして博多を象徴するものであったかどうか、いま少し入館者の反応などから経緯を見守っていきたいものである。

お籠もりと講

「兄弟寄り」をしようということで日取りを決めたところ、農家に嫁いでいる妹から、その日はお籠もりがあるから駄目だと言われた。時期から推測してサナブリ（田植え終いのお籠もり）だなと思い、あとで聞いてみるとやはりそうだった。「皆作籠もり」と呼んで、弁当持ち寄りでお宮に集まり、慰労宴をするという。苗代籠もりはと尋ねると、以前にはあったが今ではなくなっているとのこと。村で育った主人の方に信仰的な寄り合いのことを聞いてみると、十二月初めの日曜日に弁財天の座があって、クミ単位に座元を決めてご馳走をこしらえ、ムラ中が集まって飲み食いをしているという。「ムラの忘年会ですたい」。彼も終戦前から鉄道員になっていて兼業農家が長かったので、ムラの行事にはうとい方だったが、記憶をたどって話す言葉の端々からうかがえたのは、お籠もりにしても祭り座にしても、信仰的な寄り合いが飲食中心の親睦会になっているということだった。

ここ三、四十年ほどの間に手がけた市町村史を繰ってみると、お籠もり、講、日待ち、月待ちなどの信仰的な寄り合いが頻繁に催されている。

お籠もりはムラの神社で行う苗代籠もり、植え上がり籠もり（サナブリ）、夏籠もり、秋籠もり（風止め、八朔籠もり）、除夜の年籠もりなどのほかに、阿弥陀堂、観音堂、地蔵堂、薬師堂など仏堂でのお籠もりもあるが、後者は「講」とも呼んでいる。講はもともと僧侶が仏典を講読する法会から出たことばであるが、それが民間に浸透する間に信仰を同じくする同行者の集まりのことをいうようになり、仏堂だけでなく小祠の神の祭りや、ヤド（座元）を決めて庚申の日の晩に集まる庚申講、大黒天を祭る甲子講、弘法大師の信者が集う大師講など多彩なものになった。

　また、一晩通夜をして夜明けとともに日の出を拝んで散会するお日待ち、真夜中まで待って二十三夜の月の出（半月）を拝んでお開きとなる月待ちもお籠もりに加えられる。

　いずれも、クミ内や信者が集まって祈願行事を行ったあと、親睦の宴となるが、最近では飲食と雑談の方に中心が移って、「お籠もり」本来の意味はほとんど意識されていない。

「籠もる」とはまわりを囲まれた建物の中に入って外部から隔離されること。神仏への祈願の場合には謹慎を意味している。民俗学辞典には、「神を祭るために一定の場所で物忌みをすること」とある。

　神に祈って願いごとをかなえてもらうためには、当事者が心身ともに清められていなければならない。みそぎ（垢離《こり》）をして身を清め、特定の場所に籠もり、世俗を離れてひたすら慎みの生活を過ごすのが物忌みで、斎戒《さいかい》を意味している。

「物忌み」も「斎戒」も古くから用いられていることばで、「広辞苑」には、『日本書紀』神武天皇の条を引いて「八十平瓮（やそのひらか）を造りて躬自（みずから）斎戒（ものいみ）して諸神（もろもろのかみ）を祭りたまふ」とある。平瓮《ひらか》は神饌を盛る平たい皿型の土器で、「天皇自ら身を清め、多くの供物を用意し謹んで諸神をお祭りなさった」ということになる。

　祭りの場に神が来臨されるのは、一般に夜と信ぜられていた。神は普段は人間界とは別の異界に住んでおられ、祭りの時にだけ招かれて人の世界に訪れるが、決して姿を現さない。古式を留めた神社の祭りほど厳格で、福岡市筥崎八幡宮の神幸祭で神輿に神移しをするのは真夜中の午前二時、境内のすべての明かりを消した漆黒の闇の中で、神職の長く尾を引く厳かな警蹕《けいひつ》の声で神を呼び迎える。

お籠もりも「夜籠もり」、すなわち通夜が本来の姿であるが、苗代籠もり、植え上がり籠もり、夏籠もり、秋籠もりなどの農耕儀礼ではそれが崩れて昼間に行われている。そうした中でも、お籠もりの時には昼風呂に入り、羽織を着て正装で出席するのがしきたりとなっているところが各地に見られ、物忌みの片鱗がのぞかれている。

通夜の習慣を残しているものには庚申講とお日待ち、月待ち（半通夜）がある。日待ち、月待ちのマチも古語で、もとの意味は「お傍にいる」、つまり神の傍で夜を明かすことであった。庚申講も古い文献には「庚申待」と記されている。

お籠もり、講、マチゴトでいま一つ大切なのは、神迎えと神に捧げる供物である。

神迎えは神社で行う場合には、さきの筥崎八幡宮のように神職が降神の儀を執り行ってくれるが、民間のヤドで行う場合には、床の間に信仰対象の依代にあたる掛軸を掛けたり、榊やネズミモチの枝を花瓶に挿して飾ったりする。庚申講では「猿田彦大神」か「庚申尊天」の御神号、あるいは猿田彦神か青面金剛の画像、お日待ちでは「大日如来」「天照皇大神」の御神号か日の出の絵、月待ちでは「月読尊」の御神号などである。仏教の講では仏像が直接の崇拝対象となる。

供物は当番（祭り元・座元）が用意するが、御神酒、ナマノクサケ（鮮魚）、御供（御飯）、餅、野菜など。仏様には精進料理でナマノクサケは付けない。庚申講では六十一個の団子を供えるのがきまりである。参列者はワリコや重箱に小豆飯、寿司やカシワ飯、煮しめ、酢の物、ヌタエなどを入れて持参する。対象が仏様だとこれも精進料理。

神社では神職から神迎え、お祓いをしてもらい、ヤドでは座元が中心となって一同床の間の依代に向かって拍手《かしわで》を叩いて神を迎え、御神酒をいただく。その前に参列者はそれぞれ持参したワリコや重箱の蓋を明けておく。何度かお籠もりの場を訪れているうちに気付いたことだったが、各自が持参したのは単なる自分達のための弁当ではなく、神への供物であった。神社での祭典で、神職の献饌を見ていると、供物を供え終わって先ず御神酒徳利の蓋をとる。そして神事に移り、終わると元通り徳利に蓋をして撤饌をする。神に御神酒をいただいてもらった証《あかし》と見た。同様に、お籠もりで祈願をこめる時にワリコ、重箱の蓋を開けておくのは、中の供物を神に捧げることを意味している。神の召し上がった御神酒、御供物をあとで人がいただくのは、神との「共食」で、それによって神の力が分ち与えられると信じられていた。

お籠もりは心身を清め、外界と隔離された場所に籠もって謹んで神を祭り、神との共食によって祈願をかなえてもらおうとする営みにほかならなかった。

閉鎖的なムラ社会では、こうした頻繁に催されていた共同祈願が、過酷な自然的条件のもとで生きるために神の加護を願う行事であるのと同時に、そのあとで行なわれる神人共食の直会が、お互いの親交を深める機会にもなっていた。ことに、庚申講やお日待ちのような通夜行事の際に、ムラを訪れていた荒神盲僧の琵琶語り（くずれ）や、行脚僧が法話の間に語る霊験談や諸国話などは、娯楽や外部からの情報に乏しかった時代の人々にとって何よりの悦楽であり情報源でもあった。

農耕生産に対する信仰感覚や、村落共同体の構造や機能が大きく変わるにつれて、お籠もりも講もかつての存在感が薄れ、形式化されていくのを見るにつけても、長い間続けてきた営みが、また一つその意味を失っていく寂しさを感じる。

雨乞い祈願

旱魃《かんばつ》で記憶に新しいのが、昭和五十三（一九七八）年の福岡都市圏を直撃した異常渇水である。断水を含んだ給水制限が六ヵ月にも及び、市役所の職員が昼夜を分かたず住宅団地に給水車を走らせたことが連日の新聞に報道された。前年から続いた少雨傾向でダムの貯水量が激減し、農業用水を確保するために、都市への給水を制限せざるを得なくなった結果である。

福岡市長が南畑ダムに神酒を注いで降雨を祈ったというニュースを見て、行政による都市を対象とした新しい雨乞いが生まれたのを知った。以後、福岡市では毎年その水瓶《みずがめ》である南畑ダム、江川ダムなどで、貯水期に「水源祭」を行っていると聞く。

雨乞いは元来が農村のものである。自然の災害を受けやすい稲作農業では、旱魃、長雨、台風などの脅威に絶えずさらされてきた。それを避けるには神に祈るしかなかった。急速に進展した文明社会が、貯水・洪水調節のためにダムを築造して対応を図っても、肝心の降雨を見ない限り、その機能が充分に果たせないのは福岡市の例が示す通りである。

『日本災異志』（明治二十七〈一八九四〉年刊）を繰って見ると、古代から大風、火災、旱魃、霖雨《りんう》

（長雨）、洪水、疫癘《えきれい》、飢饉、噴火、地震、海嘯《かいしょう》（津波）などの天災地変がひきもきらずに襲っている。近世福岡藩の藩政記録『黒田家譜』にも、江戸時代における毎年の災害が記され、藩が筥崎・太宰府・宝満・雷山・田島などの社寺に雨乞い、日乞い、風鎮祈禱を命じているのが見られるが、寛延元（一七四八）年になって、ようやく「春より秋まで日和よく百五十年以来の満作」という記載が現れている。農民はもちろんのこと、藩としてもいかに気象の平穏無事を渇望していたかが窺われる。それにしても「百五十年以来の満作」は、自然の災害に翻弄されてきた稲作農業の実態が如実に現れている。

農村の祭りのうたい文句は五穀豊穣と家内安全である。稲作の節目ごとの農耕儀礼には、すべてに災害除けの要素が含まれている。切実な祈りを籠めてもなお避けることの出来ない場合には、神《み》籤《くじ》をひいて神意にかなったものを奉納する。神社の拝殿に掲げられている「風止祈願」「蝗災《こうさい》祈願」「雨乞祈願」などの奉納絵馬、境内の潮井台にうず高く積まれている砂潮井などがそれを物語っている。

数多い災害祈願の中で特に目立つのが「雨乞い祈願」である。雨乞いは風鎮祈願のような一時的なものではない。旱魃が長期にわたれば、雨が降るまで手を変え品を変え、ありとあらゆる祈願方法をとる。「雨乞い習俗は全国に分布しているものを集めてみると、日本民族の伝承し来たった祈願法、呪《じゅ》法を洗いざらい動員した観がある」と言った人がある。

祈願の種類だけではない。一つの村で行っていた〝村雨乞い〟が、やがて数ヵ村合同で行う〝郷雨乞い〟へとその規模を拡大して行く。民間で行う雨乞いとは別に、藩が国中の諸社寺に祈願、祈禱を命じるのは、米の不作が直接藩の財政（石高）に響くからにほかならない。

民間で行う村雨乞いは、神社でのお籠もり、汐井採りなどから始まる。一週間から十日ほどの期限を切ってお願掛けをするが、満願になってもなお降雨がなければ、さらに期間を延長して、お籠もり、お潮井採りに加えて神楽や踊り、相撲などを奉納する。雨乞いの踊りは概ね太鼓踊りである。太鼓を叩く音で雷雲を招こうとする。現在民俗芸能として伝えられている太鼓踊りは、そのすべてが雨乞いに始まっている。

祈雨の神としての八大龍王も各地に祀られている。旱魃の折には降雨を見るまで、村人が交代で連日のお籠もりを続ける。龍神を雨の神の化身とみなして、太宰府市や筑紫野市では、木製の頭に藁や杉の葉で胴体を覆った長さ十メートルにも及ぶ大きな龍を作り、鉦《かね》、太鼓で囃《はや》しながら町中を舁《か》き回って水を掛ける。夕方になると松明をつけて四王寺山の一峰である水瓶山《みずかめやま》まで登り、僧侶に読経をして貰ったあと、最後は頂上の池に龍を投げ入れる。アマリョウ（雨龍）とかリョウアゲ（龍上げ）とか呼んでいる。

山頂で火を焚く〝千駄《せんだ》（把）焚き〟も、高い場所から黒煙を立ち昇らせて雷雲を招こうとする発想がもたらしたものである。山の頂上に池があれば、池の水を干して再び満たされることによって雨を招こうとする。千駄焚きはその山を仰ぎ見る周辺の村々が合同して行う場合には郷雨乞いとなる。竜王山はその名からして雨乞嶽を現しており、その名を冠した山が各地にある。ほかにも古来から雨乞山の伝承をもつ山々が数多く見られる。

潮井採りのほか、雨乞いに霊験あらたかと伝えられている池や淵に水貰いに行き、村の神に供え

神様を怒らせる〝ガランサ洗い〟（鳥栖市田代本町）

たり、神輿《みこし》にかけたりすることもある。そうした雨乞い池、雨乞い淵も各地に見られる。福岡県八女郡星野村池ノ山の麻生池は著名で、遠方から水貰いに来るが、池の傍の麻生神社で行われる雨乞いの太鼓風流《ふりゅう》と〝はんや舞〟は、中世芸能の面影を留めている。遠方の池まで水貰いに行くのは、それだけの苦行を積むことによって神に願いをかなえて貰いたいという、涙ぐましい熱意の表れであろうか。朝倉市三輪町弥永から大分県湯ノ平の山下湖（現在の山なみハイウェイ沿い）までの水貰いは、竹筒に入れた水を、若者が途中で受け継ぎながら持ち帰って村の神に供えるが、竹筒を地面に置いてはならないといわれ、道中に待ち受けた若者が、現代の駅伝競走まがいに次々と受け継ぎながら村まで持ち帰る。この形の水貰いも各地に見られる。

あらゆる手を尽くしてもなおかつ降雨が見られぬ時には、たまりかねて、最後に取って置きの

「神を怒らせる」という手荒い手段に訴えることになる。こればかりは他の祈願には見られない雨乞いだけのもののようである。鳥栖市田代本町で、夏の野良着に姉さん被りをした十数人の女の人たちが川の中で石造物に水をかけている写真を見せてもらったことがある。〝ガランサ洗い〟と呼ぶ雨乞いだった。ガラン様は天満宮境内にある陰陽石で、雨乞い祈願の対象になっていた。それを担ぎ出して川に浸け、散々に転がして痛めつける。

そのほか神輿を担ぎ出して池や淵に浸けたり、寺宝の梵鐘を川に持ち出して転がしたりする場合もある。他所《よそ》の村の神社や寺から神像や梵鐘を盗み出し、雨の降るまで預かっておくという話を聞いたこともある。牛馬や犬の頸を切って滝つぼに浸けたり、血の滴る鶏の頸や動物の臓物を神社の社殿に投げ込んだりすることも他県の事例に見られた。これらは古代祭祀にある動物供犠《くぎ》が尾を引いていると考えられないこともない。

『遠賀郡誌』に、「旱魃の時には福岡城の矢倉に収めてある虎の頭を借り出して来て、滝つぼに沈めて降雨を祈った」という記事があるが、虎の頭は曾我兄弟の菩提《ぼだい》を弔ったという虎御前にまつわる〝曾我の涙雨〟の伝承から出たものかと思われる。その目で見れば近隣にある曾我兄弟の墓も、祈雨を目的に祀られたものであったのかもしれない。

これまでに記した民間の雨乞い事例は、記録を除けば、昭和三十年代（一九五五〜）からの聞き取り調査によるものであるが、古老の話に出て来たのは、殆どが昭和十四（一九三九）年の旱魃のものであった。この年は北部九州一帯がまれに見る長期の旱魃で、至るところでお籠もり、潮井採り、雨乞い踊り、千駄焚き、貰い水、神仏いじめなどが行われているが、田川市大字猪国字金国には、「昭和拾四年雨乞祈願記録　大祖神社奉納」と記した記録が残っている。これには、お願掛けの修法と、満願の日に効験が現れ降雨を見た時の喜びが生々しく記されているので、具体的事例として取り上げておきたい。

ここでも、雨らしい雨は六月に二日、七月に三日、八月に一日あっただけで、異常な旱天《かんてん》が続き、記録には「辛うじて植えつけた田も翌日より乾田となるもの多数」と記されている。そして最悪の事態となった九月四日から十日まで、古式にのっとった一週間のお願掛けが、古来からの雨乞嶽であった金国山を中心に行われている。

ちなみに、金国山頂に祀られている金国権現は雨乞いに霊験あらたかであるとの評判が高く、享和四（一八〇四）年の旱魃、あるいは明治二十六（一八九三）年、三十七年と日照り続きの折に、祈願を籠めて何れも降雨があったと語り継がれている。

お願掛けに先立つ二日前に役割が決められているが、目につくのが鉦、笛、太鼓、鼓方のほかに法螺貝《ほらがい》が加わり、子供二十五名を山伏姿に仕立て、杖楽《つえがく》を演じる若者三十二名が割り当てられていることである。杖楽は現在金国では消滅しているが、隣接する田川郡川崎町田原に伝承されている芸能で、若者が二列に並んで向かい合い、長さ二メートルほどの棒の頭に白紙の房を飾った杖を手にして、掛け声とともに前に突いたり回したりする。〃庭広め〃〃馬場あけ〃〃外払い〃などの所作からみて、魔払いを意味していよう。「古式にのっとった」とあるのは、子供に山伏姿をさせていることから見て、おそらく明治以前には修験道山伏によって祈禱修法が行われており、その中に災厄を払う杖楽があったことを示しているものと思われる。

お願かけの初日（四日）には村氏神の大祖神社で降神、祓式のあと祈雨祭の祝詞《のりと》が奏上され、一同金国山麓の湧き水まで潮井採りに行き、神社に帰ってお籠もりをする。二日目からは出立ちの杖楽をして、潮井採り、お籠もりを続けるが、潮井採りは毎日場所を変えている。お願掛けに入って五日目、八日の午後八時半頃から降雨があり、「一同万歳三唱」とある。効験の現れたことに力を得た六日目の翌九日は、出立ちの杖楽をして潮井場へと向かい、ここでも杖楽を演じて神社へと戻り、お祓えのあと昼のお籠もりして、再び出立ちの杖楽。午後は行列を作って村の要所々々で杖楽を演じるが、「午後四時ヨリ篠突ク雨、全員濡レ鼠同様」とある。雨の中に村廻りを続けるが、「雨益々激シクナレ共、軒下ニ入ル者ハ絶対ナク拝観者モ傘ナシ」と、感応を得た喜びが生々しく記されている。そしてその夜は神社でお籠もりをしている。

七日目の十日には満願の行事が行われている。早朝から古式の装束に身を固めての出立ちの杖楽。そのあと行列を整え、鉦、笛、太鼓、鼓で囃し、法螺貝を吹き鳴らしながら、金国山麓の杖神社（雨乞祈願に杖楽を奉納してきた神社）まで行って杖楽を奉納、昼食をとって山頂の金国権現社へと登る。頂上で行列に加わっていた座頭さんが法華経を唱え（古式では山伏の読経か？）、そのあと御手洗池へと向かい、若者が素手で池の水を汲み乾して中の掃除をする。掃除が終わると権現社で祭典を行って下山、杖神社で最後の杖楽を演じて願ほどきの祭典を行う。

翌日は大祖神社にお礼参りをしてすべての行事を終わる。

引用が長くなったが、厳しい自然条件に順応するためには、「神に祈る」という行為に訴えるしか術《すべ》を持たない人間の、真剣そのものの営為に改めて目を向けておきたかったからにほかならない。

近代文明が自然を制御できると思うのは錯覚である。昭和十四年の旱魃以来、昭和三十年代以降（一九五五〜）のダム築造によって、ある程度の緩和が見られたとはいえ、五十三年の福岡市における都市渇水は新しい都市の雨乞いをさえ生んでいる。

人間は自然に対しては無力である。その厳しい自然と共存するには、神の力にすがるか、弱いものどうしが肩を寄せ合って行くしかなかったことを、もっともよく示しているのが雨乞い儀礼であるような気もする。

第八章　旅する昔話、伝説

一夜の宿

テレビの「水戸黄門」を見ていると、黄門さんの一行が旅先で出会った娘さんから、「よかったら私の家にお泊りになりませんか」と勧められて、「それは有難い」と、いとも簡単に厄介になるシーンをしばしば見かける。村の庄屋といったかなり裕福な家もあれば、必ずしも豊かではない職人の家もある。四人から五、六人もの人数が、しかもかなりの長逗留になる。ドラマだからで見過ごしているが、旅に出て泊まるのは旅館かホテルという現代の常識からすれば、行きずりの旅人が普通の民家に何日も平気で宿を借りるというのは、いかにも不自然である。黄門さんのことだからあとのお礼ははずんだであろうと、視聴者は納得しているかもしれないが。

ところが、こうした旅の者が普通の民家に一夜の宿を借りることは、物見遊山や社寺詣り、街道伝いに目的地を目指す旅は別として、行商人や渡り職人、遊行《ゆぎょう》宗教家などの、街道筋から外れた村々を訪れる人たちにとっては至極当たり前のことであった。渡り鍛冶職を例にすれば、一つの村を訪れると、村内の一軒を宿にして、鋤、鍬、鎌等の修理や新調の求めに応じ、供給が満たされると次の村に移るというのが普通で、今でもときどき、博物館などで、村に定住していた居鍛冶のものに比べると持ち運びに便利な、小型のフイゴを見かけることがある。遊行宗教家の場合も同様で、山伏や荒神盲僧なども民家を宿にして、家々の家祓いや竃祓いを行い、全部の家のお勤めが終わるまではその村に滞在して、終わると次の村に移って行った。いずれも出立の際になにがしかの礼を払っていたかもしれないが、遍路宿、巡礼宿の場合は別である。

弘法大師信仰の八十八ヵ所霊場回りを遍路、観音信仰の三十三ヵ所札所巡りを巡礼と呼んでいるが、いずれも、札所でお遍路さん、巡礼者に接待をしたり、宿を貸すのを「善根宿」と呼んで、一切が無料奉仕である。遍路や巡礼などの修行者は自分たちに代わって仏に仕えてくれるので、それに奉仕をすることは、仏の功徳がそのまま自分にももたらされるという信仰に基づくものである。仏教説話の中で、山中の洞窟に籠って何十日も修行を続ける行者に、里人が米穀を運んで奉仕をしていたという話をしばしば見かけるが、そうした発想が仏教の原初的な信仰に根ざしたものであることをうかがわせている。喜捨・寄進である。

旅人に奉仕をするという行為には、こうした仏教の功徳とは別に、今一つ、意外と根深い民俗感覚がある。村の外から訪れて来るのは神であるという古くからの信仰に根ざしたもので、折口信夫はこれを「まれびと」と呼び、「客人《まろうど》」の文字を当てている。神は普段は人の住む世界とは別の世界、つまり異界にいて、時を定めては人里を訪れて災いを払い、人々の幸せを保証してくれるもの、という発想が根底にあり、訪れて来る神を敬いもてなすのが〃まつり〃であると言っている。異界からときどき訪れるので「まれびと」、それがなまって「まろうど」すなわち「客人」ということである。

「まれびと」は〃小正月の訪問者〃として歳時習俗の中にも現われてくる。著名なのが秋田県男鹿半島のなまはげで、仮面をかぶった異様な姿のものが、正月十四日の晩に家々を訪れて回る。歳神様の来訪を象《かたど》ったものである。北部九州では〃とへとへ〃といって、村の青年が蓑笠で顔を隠し、家々を回っては藁で作った鍋取りや竹のタワシなどを戸口から投げ込んで、置いてある餅を貰って行く。〃とへとへ〃は「問え問え」の意である。仮面や蓑笠で顔を隠すところに、姿を見せない「神」の意識がうかがわれる。

昔話には、旅人が「異界から訪れて来た神」であることを暗にほのめかしているものがいくらでもある。その一つが「猿神退治」。『今昔物語集』や『宇治拾遺物語』に載っているのを例にすると、「村の神から娘を人身御供に要求されて、一家が嘆き悲しんでいるところへ、旅の狩人が訪れて娘の聟になり、娘の身代わりとして人身御供に立って猿神を退治する」という話。昔話の分類では「厄難克服」という型に入るが、旅の者が神だったからこそ、誰もが恐れて手を出せなかった猿神を退治できたのである。そして今一つ、神だからこそ家に迎え入れて娘に伽《とぎ》をさせる。ここでは旅人の申し出によって娘の聟になって貰うということになっているが、「たなばたつめ」の話にでてくる、訪れる神に奉仕をするため、川辺に棚を設けて機を織り、神を待ち受ける乙女の姿が暗示されている。

遠来の客を迎えて、その家の娘が伽をするという風習が、沖縄あたりで戦前まで残っていたということは、「まれびと」の意識が、民俗感覚の中でいかに根強いものであったかを物語っている。なればこそ、行きずりの旅人に一夜の宿を貸すことも、さして不自然ではなかったということにもなろうか。

どんな僻地でも道路網が完備して、車の往来が可能になった現代からは、すでに想像も及ばなくなった古い旅の習俗でもある。

昔話の運搬者

よく知られている昔話に「藁しべ長者」の話がある。

あるうだつのあがらない男が長谷寺に籠って観音様に救いを求めると、寺を出るとき最初に手にしたものを大切にせよとのお告げがあった。門を出ようとしたときに転んで一本の藁しべを手にする。その藁しべで捕らえた虻《あぶ》を括《くく》り、京への道を歩いて行くと、途中で出会った高貴の身分の子どもが虻を欲しがるので与えて蜜柑をもらう。また行くと、今度はのどの渇きで苦しんでいる上臈《じょうろう》(貴族の女房)に出会い、その蜜柑を与えて布三反をもらう。この布がもとで名馬を手に入れて京都に入ると、今度は旅に出ようとする富豪から馬を所望され、代わりに家と田畑を預かる。持ち主が帰らないまま、やがてそれが自分のものになり、長者になった。

「長谷観音霊験譚」として『今昔物語集』や『宇治拾遺物語』に載っている「藁しべ長者譚」の原型である。「こういういいことがあるから長谷の観音様を信心しなさい」と説いて諸国を巡った長谷寺の勧進聖の姿が思い浮かばれる。

おもしろいのは、この話が口から口へと語られていくうちに、〝観音祈願型〟と〝三年味噌型〟という二つの型に分かれて全国に広がったということである。

観音祈願型は、「ある男が幸せになるよう観音様にお願を掛けて」に始まり、藁しべ→虻（またはトンボ、蝿）→蜜柑→反物→馬→家と田畑→長者になる、という筋道はほぼ共通している（どれかが欠けているものもある）が、観音様が必ずしも長谷観音にはこだわらず、途中で出会うのも高貴の女房ではなくて長者の娘であったりする。そのなかで、広島県呉市に伝わっているものに、のどの渇きで苦しんでいるのが旅の反物売りになっているのが目につく。

三年味噌型になると話の筋道がかなり違ってくる。各地に散らばっている三年味噌型の藁しべ長者譚を整理して見ると、次のような話の筋が浮かんでくる。

貧乏な男が藁しべ一本を持って旅に出る。途中で朴《ほお》の葉売りに出会い、朴の葉が風で吹き飛ばされ困っているのを見て、括るのに藁しべを与えるとたいそう喜ばれ、朴の葉一束をもらう。それを持って旅を続けていると味噌売りに出会い、せっかく味のいい〝三年味噌〟があるのに、それを包む朴の葉がないと悔やんでいたので、朴の葉を与え、お礼に味噌一丸をもらう。それを持ってまた旅を続けて行くと、刀鍛冶が刀身の曇りを除く味噌がないと困っていたので、味噌を与えて名刀をもらい、その刀が殿様の目にとまって家来に取り立てられる。

藁しべ↓朴の葉↓三年味噌↓名刀↓立身出世、という筋立てもあるが、もちろん昔話のことであるから途中でいろいろな話が入り混じっている。三年味噌を食べたがっている病人がいたので味噌を与えると病気がなおって千両箱をもらったとか、味噌を与えた刀鍛冶からもらった刀で大蛇や狼を退治して出世をしたとか、いろいろあるなかで、味噌↓刀鍛冶の型が意外と多い。

まえまえから思っていたことであるが、全国に数多くの似たような昔話が散らばっているのは、その裏に、そうした話を持って回った〝運搬者〟の存在があってのことではなかったかということである。

たとえば、「白羽の矢が立つ」ということばのもとになっている〝猿神退治〟の話。娘のいる家に白羽の矢を立てて人身御供を要求する猿神（狒々《ひひ》や貂《てん》、狢《むじな》の場合もある）を、たまたま村を訪れた旅人が退治して人々の危難を救うという話は驚くほど各地に行き渡っているが、主人公の旅人は、廻国の僧、六部《りくぶ》、山伏、琵琶法師、武者修行の武士、狩人などである。この話は講談「岩見重太郎の狒々退治」のもとにもなっているが、岩見重太郎も廻国の武者修行者である。おそらくはそれぞれの話の中の主人公が、その話を持って回った〝運搬者〟を表しているものと思われる。藁しべ長者譚の観音祈願型に出て来る反物売りは旅の行商人、三年味噌型の刀鍛冶は渡り鍛冶職人で、いずれもその話の運搬者であった可能性が強い。

現代感覚では、旅といえばすぐに「宿に泊まる」ことを考えてしまうが、昔はグループを作っての社寺詣りや物見遊山の旅は別として、常時漂泊の生活を続ける旅人にとって、旅籠《はたご》に泊まることはむしろ例外に等しく、村のお堂や民家に泊めてもらいながら旅を続けていた。元来が閉鎖的で、村の外に出る機会とては社寺参りぐらいしかなかった時代の農村の人々にとって、こうした諸国を旅しながら村を訪れて来る旅人がもたらす外部からの情報は、何よりも貴重なものであった。諸国行脚の僧侶が来たと聞けば、近隣こぞって村内で宿になっている家や籠り堂に集まって法話を聞き、そのあとで、夜のつれづれに旅の中で見聞した諸国話を語ってもらう。法話の中で語られる仏の霊験話の中に、さきの「長谷観音霊験譚」のようなものも含まれる。諸国話の中には他国でのできごとのほかに、伝説、昔話の類も語られる。行脚僧だけでなく、琵琶法師や行商人、渡り鍛冶職などの村を訪れる旅人の場合も、情報源としてはすべて同様で、その者たちによって落とされた話の種のうち、村人の興味をそそったものが残って語り継がれ、やがてその村で芽をふき、その村の昔話として定着するようになる。

運搬者がいて〝旅をする昔話〟だからこそ、各地に似たような話が散らばるという現象が表れたということにもなる。

愚か村話の功罪

昔話の中で、ある一人の主人公の出生から「一期栄えた」までで終わる話を〝完型昔話〟という。全国的な分布の中で、昔話の宝庫といわれる東北地方を中心に、この完型昔話がかなりの広がりを示しているのに比べ、福岡県ないし九州地方ではそれが極めて少ない。一つのまとまった話の中のある部分が本話から離れ、別の衣を着せられて独立した、いわゆる〝派生昔話〟が圧倒的に多い。

「鳥獣草木譚」という分類に入る動物話（例えば「猿と蟹」）や、頓智話、大話、愚か村話を含む笑い話、それに化物退治や山姥の出て来る妖怪譚が大部分である。これは、暖国九州の風土とも関係していよう。

炉辺の話も、寒冷地であればその炉辺での生活時間の長さに合わせて、ゆったりとした語り口の中で、因果応報を含めた紆余曲折のある話も好まれようが、暖国九州では、同じ因果応報譚でも簡潔な語り口のものか、動物と動物、または動物と人間の単純な駆け引きとかに趣向が集まっている。それらを一つの特色としてあげるなら、さしずめ福岡県内では「筑前福間の又ぜえ」と「豊前中津の吉五」、県外にまで広げれば、「肥後八代の彦市」と「豊後野津町の吉四六《きっちょむ》」の名で語り継がれた頓智話が、福岡県ないしは九州の代表的な昔話ということになろう。代表的とは、単に採集された話の数が多いというだけでなく、同じ話があちこちで繰り返し何度も語られているという、いわば民衆の趣向を普遍的に反映しているということにもなろう。

九州人の趣向に合った話といえば、頓智話のほかに、県内で「筑前野間話」、「豊前寒田《さわだ》話」と呼ばれる〝愚か村話〟の一群がある。

頓智話が、又ぜえとか吉五とかの才智にたけたいたずら者の巧妙な駈け引きに、罪のない笑いを誘われたり、そのいたずらによって、平素から嫌われ者の見識張った庄屋や強欲な長者がへこまされることに快感を催されるといった種類の笑い話であるのに対し、愚か村話のほうは、当人は大真面目なのだがそのすることなすこと、傍から見れば滑稽そのものである、という笑いの型である。

愚か村話で最も多いパターンが、奥深い僻地の村に住む者が町に出てしくじるとか、聞き慣れない言葉の意味を取り違えてとんちんかんなことをするとかいった種類のものである。例えば野間話にある「引っ張り屏風」という話。

村の者が数人で伊勢参りに出かけた帰りに京都の宿に泊まって、夜寝ようとすると枕元の屏風が倒れた。幾度立てても倒れるので、とうとう夜通し、二人ずつ交替で屏風の端を押えていた。そのあと、野間の者は、「上方へ行くなら、〃夜寝させずのパッタリ〃というものがあるから気をつけろ」と伝えたとか。

寒田話にはこれと同型のもので、「飛込み蚊帳」というのがある。やはり伊勢参りからの帰りに京都の宿に泊まって、蚊帳の張り方がわからず、逆さに吊って上から飛び込んだ、という話である。この二つの話は、面白いことに、全く同型のものが徳島県の祖谷《いや》と熊本県の五箇荘《ごかのしょう》にあって、祖谷話・五箇荘話と呼ばれている。祖谷も五箇荘も平家部落の伝承を持つ、山奥のいわゆる隠れ里的な村である。寒田もまたそれと似た山間僻地の村である。そうした山里のものが町へ出て行くのであるから、この程度のしくじりは当然のことで、まずは微笑ましい部類の話といえよう。

寒田話にはこのほか、寒田のもんが行橋の知人に招かれて食膳に蟹を出され、食べ方がわからずにいたところ「ヘコをはずして食べなさい」といわれたので、褌《ふんどし》をはずして食べた——という話や、三人連れで行橋に出かけて宿屋に泊まったとき、今日こそは寒田の者の偉いところを見せてやろうと、魚屋から大鯛を買って来て鍋一杯煮てもらった。いよいよ食べる段になると、一同汁ばかり旨そうにすすって一向に身を食べない。不思議に思った女中が「あんたがたもし、汁だけ呑まんでもっと鯛の身を召し上がれ」というと、彼等すかさず、「なんぼ寒田のもんだとて馬鹿にするな。

鯛の煎《せん》じ滓《かす》なぞ食わるるか」。

これらも〝愚か者〟と言われるには当たらない、単に食生活の相違から来た、むしろ愛嬌のあるしくじりである。この類の失敗談は各地にあって、すべて〝愚か村話〟の分類に入れられている。

例えば野間話の、野間の者が旅をして数の子を馳走になり、大層おいしかったので、干したのを土産に買って帰った。それを近所に配ったが固くて食べられない。しかたなく裏の竹藪に捨てたところ、二、三日して雨が降り、いつの間にか数の子が軟らかくなっていた。なるほど数の子はこうして食べるものかと、それからは数の子を食べる時はわざわざ近所の竹藪を借りて回った——という話などは、全国的な広がりで見られる。

全国的といえば、おそらくこの話のないところはなかろうと思われるのが「旅学問」という話。旅で覚えてきたことばを、一つ一つ使い方を間違えて、医者のところへおかしな手紙を書くという話である。

寒田話では、旅先で道連れになった男から「あんたは上京なさるのか帰国なさるのか」と聞かれて意味がわからず尋ねると、「お上りかお下りか」という意味だと教えられる。なるほど、上りが上京で、下りが帰国かと覚えこんで旅を続けた——という調子で次々とことばを覚えていく。羊羹《ようかん》屋で、羊羹は小豆で作ると教えられて、小豆をヨーカン、大石をエンヤラサと運んでいるところを見ては、石をエンヤラサ、宿屋で女中が朝飯に「夜膳《やぜん》の残り」といって魚の頭をつけたので、頭を〝夜膳の残り〟というように覚えてしまう。いざ帰国したあとで、子供が柿の木から小豆畠に落ちて頭に怪我をしたので医者のところへ手紙を出す段になって、旅で覚えたことばを使い、「子供が柿の木に上京し、ヨーカン畠に帰国して、エンヤラサで夜膳の残りをぶち割って……」というような、わけのわからぬ手紙を書いてしまうというもの。

国々の言葉の相違からくる聞き違えのしくじりは旅先でよくあることだが、もちろん寒田話、野間話からもいくつか拾える。寒田話にはいま一つ、武家言葉との相違にとまどう話で「茶のみ」というのがある。

殿様から「茶の実」を五升献上せよと言われ、「とてもお茶を五升も呑めるものはおりません。四升六合呑める者がいますのでそれで勘弁してください」といって老婆を差し出した。「茶の実」と「茶呑み」の取り違えということで、このあたりになると笑いもされぬ大真面目さである。あるいは、殿様から「手水《ちょうず》をまわせ」と言われて意味がわからず、村一番の物識りが考えたあげく、長い頭（長頭＝ちょうず）の男を差し出した、というのも同じ部類である。

この種の話は、江戸時代、すでに『醒睡抄《せいすいしょう》』とか『聴耳草子《ききみみ》』などの笑話を集めたものの本に載っており、いわば都会の者と農山村の者との衣食住、あるいはことばの相違から出た解釈のくい違いがかもし出す笑いである。その意味からも、寒田の者、野間の者だけが名指しで愚か者扱いにされること自体、いわれもない屈辱を押しつけられていたということになる。

村全体が愚か者にされてしまった寒田は、旧豊前国築城郡寒田村、現在の福岡県築上郡筑上町寒田である。この地は戦国期に豊前地方を領した宇都宮氏の本拠地であった。城井谷の最も奥まった場所に位置する僻村で、さきに述べたように祖谷・五箇荘と類似した山里である。その寒田の村人が〝寒田のもん〟と呼ばれ、寒田話の語り出しに「寒田のもんき、ちいと小馬鹿らしかっちょろな

愚か村話の生まれた旧寒田村は人里離れた山村だった

い」と、わざわざ断わって話が始まるほど愚か者扱いにされていたことで、多少同情的になった郷土史家の誰かが、寒田話の紹介のついでにまことしやかな解釈を付け加えた。「城井谷における宇都宮氏の滅亡後、本城のあった寒田の村人が、新領主黒田氏の報復を恐れ、一同申し合わせて愚か者の真似をした」と。

戦乱の渦中に生きた農民の自営手段であったという、うがった見方である。そして、その解釈に異論らしいものも出ないまま、なかば定説化して今日に及んでいる。

この誤解は、そもそもが昔話の分類にあたって、この種の話に〝愚か村話〟という名を与えて区分を施したことに始まっている。これまでの例でもわかるように、それは山里の者が初めて町に出た時の失敗談であり、生活様式や言葉の違いでとまどった話である。それを〝愚か者〟の所業とすること自体、平地に住むムラのもん、マチのもんの側からの一方的な見方で、〝山奥のもん〟に対する優越感がもたらした尊大さのあらわれというべきであろう。その証拠に、この類の話が、『醒睡抄』あたりで都会人の間に広がっていたという反面、口伝えの話を分布させた土壌はむしろ農山村であったことをあげねばなるまい。

農山村の人々にとっては、〃野間のもん〃〃寒田のもん〃と呼びながら、それは自分たちとは同類の仲間である。そこに語られている失敗談に近い体験は、大なり小なり自分たちのものとしてもある。その体験を通じての共感が、この種の話を、あたかも自分たちの失敗談を愉快に語り合うといった調子のものにしてしまっている。時にはそれが、「寒田のもんだとて馬鹿にするな。鯛の煎じ滓など食わるるか」という啖呵《たんか》の一つも飛ばすことによって、町のもんに対して一歩も引かぬ山奥のもんの気骨を示す話にもなる。

祖谷話とか五箇荘話、寒田話、野間話とかの名称が生じたのも、数多い田舎者の失敗の中に、たまたま、あるところで並はずれて滑稽な失敗をおかしたのが五箇荘や祖谷、寒田、野間の人であったということで、それが評判となり、ほかの失敗談までがみんな五箇荘の人、祖谷の人、寒田の人、野間の人で語られるようになってしまったということであろう。同型の話が各地にほとんど共通して出て来るのもそういうことからである。

寒田話の寒田が旧築城郡寒田村であったのに対し、野間話の野間が果たしてどこであったのか、今のところ判然としない。筑前の字名では、遠賀郡岡垣町と福岡市南区に野間の地名があるが、五箇荘や寒田のような僻村ではない。あるいは、福岡市南区の野間が、以前は那珂郡野間村という農村であったところから、博多市中のいわゆる博多のもんから見れば、〃在郷《ざいご》〃と呼んだ近隣農村の者というので、野間のもんがその代名詞になっていたと考えられぬこともない。しかし、この際、そうした殊更の詮議だてはよしにしたい。

頓智話と並んで愚か村話が広く流布していたということは、やはりそれが身近なものとして受け取られていたからにほかならない。江戸時代に流行した遠隔地の社寺参りや物見遊山の旅で、帰国したあと、土産話が語られるとき、その体験が、時には失敗談も含めて、旅の教訓としても語られる。あるいは旅先で聞いた滑稽な話も付け加えられる。閉鎖的な農村の生活においては、そうした話題の中に醸《かも》し出される藹々《あいあい》とした雰囲気が何よりの悦楽であった。

愚か村話が、愚か者ばかりの村を作り出した罪深さとは裏はらに、話の中にあふれる人間臭さが共感を誘い、明るい愉快な話として受け入れられ語り継がれてきたところに、昔話の持つ意味を考える端緒を見出すことができるような気がする。

犬三話

第一話　しっぺい太郎―人を守る犬―

『今昔物語集』巻二十六に「美作国《みまさかのくに》の神猟師の謀《はかりごと》に依りて生贄《いけにえ》を止《とど》むる語《こと》」という説話がある。要約してみる。

今は昔、美作国に中参《ちゅうざん》、高野《こうや》という二神が鎮座していた。中参は猿、高野は蛇《くちなわ》をご神体としていた。毎年一度の祭りには未婚の娘を生贄に供える慣わしであった。ある年、さほどの家柄ではないが、十五、六歳の美しい娘のいる家に生贄が割り当てられた。両親は嘆き悲しんだがなすすべがない。そこへ東国から犬を連れた一人の猟師が来てその話を聞き、「どうせ生贄にされるのなら娘さんを私に下さい」と言って、娘を妻にし、仲睦まじく暮らした。

男は祭りの日まで、飼い慣らした犬の中から二匹を選んでひたすら猿を食い殺す訓練を重ねた。そして祭りの日、男は妻の代わりに長櫃に入り、研ぎ澄ました刀を携え、二匹の犬を両脇に臥させ、神主らとお宮へ向かった。社に着くと長櫃を中に入れ神主らは外に居並んで待った。男がそっと蓋を押し開けて見ると、身の丈七、八尺ほどの大猿を上座に、左右に百匹ほどの猿が並んでいる。前にはまな板の上に大きな刀と調味料が用意されている。やがて大猿が長櫃の蓋に手をかけようした時、男は飛び出して犬をけしかけた。犬が大猿を食い倒したので、男は首領猿をまな板の上に引き伏せ、刀を首に当て「お前が長い年月多くの人の子を食った代りに、たった今殺してくれる。もしお前が神なら俺を殺してみろ」と言った。二匹の犬も多くの猿を食い殺し、生き残った猿は山に逃げ散った。

そのうち神主に神が乗り移り、「我は今日より以後、未来永劫に生贄を求めず、人の命を取るまい。また、この男がわが身にかような目を見せたからとて、危害を加えまい。生贄の女をはじめ、その父母や一族の者の罪を罰しまい。どうかわが身を許してくれ」と言うので、男は、「それならよい。今後決してこんなことをするな」と言って許してやった。男は家に帰り、その後は妻と夫婦仲良く暮らしたということである。

これとほぼ同様な話が、『宇治拾遺物語』巻第十に「吾妻人生贄をとどむる事」として収録されている。平安末期の十二世紀初め頃に語られていた説話が記録されたものであるが、一方、口伝えで各地に語り継がれていたものが、少しずつ内容を異にしながら昔話として採録され、「猿神退治」の分類で、類話が四十数話に及んでいる(『日本昔話集成』)。

昔話は諸国を旅する人々によって語り伝えられるという性質上、話の運搬者が主人公になっている場合が多い。例えば『今昔物語集』や『宇治拾遺物語』では、村人の危機を救ったのが旅の猟師であるが、各地に散らばっている「猿神退治」の主人公は、猟師のほかに、廻国の行脚僧であったり、旅の六部、山伏、座頭(盲僧)、武芸者であったりしている。いずれも旅の途中に村を訪れ、人身御供を要求する魔性(多くは大猿か狒々《ひひ》)を犬の力を借りて退治するという筋立てが共通している。『日本昔話集成』に採録されている宮城県桃生郡のものを摘記してみる。

昔、廻国の和尚がいた。旅をしているうちに淋しい山村に立ち寄った。何のためか判らないが、どこの家でも餅を搗いている。その中に一軒だけ餅を搗いていない家があった。見れば立派な家だが誰もいないのかと思うほどひっそりしている。耳をすますとしくしく泣く声がする。不思議に思って家の中に入って見ると、家内中が一人の娘を真中にして泣いていた。わけを聞くと、その家の主人が、向こうの山にどんな神を祀っているか判らないが大社があって、毎年稔りの時になると若い娘を人身御供にあげねばなりません。今年は私の家に白羽の矢が立って七日のうちに娘を差し出さねばならないので泣いているのですと語った。

和尚は世の中にそんな馬鹿な話があるものか、私が代わって人身御供になって娘を助けてやると言って、その社のある山へ登って行った。山には古いお堂があり、そばの大きな松に洞穴があった。その中に隠れていると夜中頃にがやがやと大勢のものがやってくる声がした。間もなく堂の前に集まって、大将らしいのが竹篦太郎《しっぺい》はいないのかと言うと、手下のものが竹篦太郎は今夜も来ないと答えた。そうして社の戸を明けてぞろぞろ中へ入って行った。和尚が洞穴の中で聞いていると、

あのことこのこと聞かせんな
竹篦太郎に聞かせんな
近江の国の長浜の
竹篦太郎に聞かせんな
すってんすってんすってんてん

繰り返し繰り返し歌っていた。和尚はこれを聞いて、どんな化物か知らんが、竹篦太郎という者には負けるんだなと思った。そこで娘の家に帰って近江の国の長浜へ竹篦太郎を探しに行くと言って出掛けた。

近江の国に着いて、竹篦太郎という人はいないかと尋ね回ったが、誰も知らないという。和尚はがっかりして道端の石に腰を掛けていたところ、小牛のような大きな斑犬《ぶちいぬ》がやってきて、後ろから来た飼主が竹篦太郎と呼んだ。この犬なら少々の化物は負けるなと思った和尚は、訳を話してその犬を借り、大急ぎでもとの村に帰った。娘の家では七日経っても和尚が帰って来ないので、

泣く泣く娘を人身御供に差し出すことにし、白装束を着せて長持に入れ、村人がかつぎ出そうとしていた時に和尚が帰り、娘と入れ替わった。

村人の中には神の怒りを恐れて反対するものもいたが、和尚の説得で和尚と竹篦太郎を入れた長持を担いで山に登り、長持ちを社の前に置くと村人は後をも見ずに逃げ帰った。夜中頃、大勢の化物が集まって来て、長持をぐるぐる廻りながら、

あのことこのこと聞かせんな
竹篦太郎にきかせんな
近江の国の長浜の
竹篦太郎に聞かせんな
すってんすってんすってんてんてん

と歌っていたが、間もなく長持の蓋に手を掛け開けようとした。その拍子に竹篦太郎が高く吠えて飛び出し、化物に襲いかかった。和尚も飛び出して化物を斬り倒した。夜明けを待って村人たちが山に登って見ると、そこにもここにも猿が死んでいた。一番大きな針金の様な毛をした狒々は竹篦太郎に咽《のど》を嚙み切られて死んでいた。それからは人身御供というものはなくなって、みんな安心して暮らすことができた。こんでおしまい。

この話の中の「竹篦太郎」、子供の頃、雑誌『幼年倶楽部』で、たしか「岩見重太郎の狒々退治」あたりではなかったかと思うが、犬の名に「たけべら太郎」とあったのを記憶している。『日本昔

話集成』の「猿神退治」の最初にあったこの例話を見たときにも「たけべら太郎」と読んでしまったが、類話に目を通しているうち、青森県三戸郡五戸町のものに「丹波の国のすっぺ太郎」、新潟県古志郡四郎丸村（現長岡市）のものに「丹波が小屋のしっぺい太郎」とあるのが目についた。東北訛りでは「し」が「す」になるので新潟県の「しっぺい」を辞書（『日本国語大辞典』小学館）で引いて見た。

「しっぺい〔竹篦〕竹製の杖《つえ》。ふつう禅宗で用いる法具。師家が学人の教導に用いるもの。竹を割ってこれを合わせ、籐《とう》を巻いて漆を塗った、弓に似たもの。」

　座禅を組んだ時、後ろからピシリと背中を叩く法具、と言えばすぐにそれと判る。「すっぺ太郎」「しっぺい太郎」を持って回ったのはいずれも旅の僧侶である。人に災いをもたらす猿神を懲らしめたのが、「竹篦《しっぺい》」で法力を身につけた犬であったと、言外にほのめかしている。

「猿神退治」の犬は、このほか、山形県のものに「甲斐の国の三毛犬四毛犬」、福島県のものに「信濃の国の権兵衛太郎」、長野県で「信州信濃の光前寺兵坊太郎」、福岡県で「日向の国の七八太郎」「日向の国の日向次郎」とさまざまである。話の運搬者によってそれぞれと何らかの関わりのある名前が出てくるのも昔話ならではのことである。

　犬が主人の危機を救う話は、南方熊楠が『十二支考』で、『今昔物語集』巻第二十九の「陸奥《みちのく》の国の狗《いぬ》、山の狗、大蛇を咋《く》い殺す語」と、『和漢三才図会』巻第六十九参河《みかわ》の「犬頭《けんず》社」を紹介している。

『今昔物語』二九に、陸奥の賤民、数《あまた》の狗を具して山に入り、大木の洞中に夜を過ごす。夜更けて狗どもみな伏せったが、年来飼うた勝れて賢い狗一つ、急に起きて主に向かって吠え止まず。後には踊りかかって吠ゆ。太刀抜いて威《おど》せど、いよいよ吠えかかる。こんな狭い処で咋《く》いつかれてはと思うて外へ飛び出る時、その狗主人がおった洞の上方に踊り上がり物に咋いつく。さては我を咋わんとて吠えたでないと知って見ると、洞の上から重き物落ちる。長二丈《たけ》余、太さ六、七寸ばかりの蛇が頭を狗に咋われて落ちたのだった。さてはわが命を救うたこの犬は無上の財宝と知って、狗を連れて家に帰った。その時狗を殺したら狗も自分も犬死すべきところじゃった、とある。

この話が移り変わって『和漢三才図会』六九には、犬頭社は参河国上和田森崎にあり、社領四十三石。犬尾社は下和田にあり。天正年中、領主宇津左門五郎忠茂、猟して山に入る。家に白犬あって従い走り行く。一樹下に到り、忠茂にわかに眠りを催す。犬かたわらにあって衣の裾を咬《くわ》えて引く。やや寤《さ》めてまた寐《ね》れば犬しきりに枕頭に吠ゆ。

忠茂、熟睡を妨ぐるを怒り、腰刀を抜いて犬の頭を切るに、樹梢に飛んで大蛇の頭に咋いつく主これを見て驚き、蛇を切り裂いて家に帰り、犬の忠情を感じ、頭尾を両和田村に埋め、祠を立ててこれを祭る。家康公聞いてはなはだ感嘆す。かつ往々霊験あるをもって采地《さいち》を賜う。けだし宇津氏は大久保一族の先祖なり、と出しおる。

この話の類話は、『日本昔話集成』に「忠義な犬」という分類で、長野県北安曇郡、千葉県東葛飾郡、三重県河芸郡などの伝承が六例ほど挙げられている。

忠犬の話は『和漢三才図会』巻第三十七「畜類」の「狗」の項にもいくつか見える。『捜神記』のは中国の話で、李信純というものが猟に出て、野火が近付いて来たのを知らずに寝ていた時、飼犬の黒龍が少し離れた渓流まで走って水で身体を濡らし、信純の周りの草に振り掛け、主人の火難を救ったが、最後には疲れ果てて主人の傍に倒れて死んでしまった、というもの。のち、太守がこれを聞き、「犬の報恩は人間よりも立派である」と賞し、墓を立てて手厚く葬ってやったという。

同じ中国のものでは、『述異記』に、主人の命令で、任地から数百里も離れた故郷へ手紙を届け、返事を貰って来た話がある。日本のものでは、戦のあと、爛《ただ》れて見分けのつかなくなった数百のむくろの中から主人見つけ、家人に収容させた、という話が載せられている。

第二話　ここ掘れワンワン—幸せと富をもたらす犬—

お伽噺《とぎばなし》の「花咲爺さん」は小学校の国語教材になっていたので、「ここ掘れワンワン」と「枯れ木に花をさかせましょう」の、リズミカルな表現が、年配者には記憶に焼きついており、話の筋も容易にたどることができる。

①お爺さんとお婆さんが白い犬を飼っていた。

②お爺さんが犬を連れて畠へ行くと、犬が地面を掻いて「ここ掘れワンワン」と吠えたので、そ

こを掘ると小判がざくざくと出てきて大金持ちになった。
③隣の欲深爺さんが犬を借りて畠を掘らせると、蛇や百足や蛙や汚いものが沢山出たので、爺さんは怒って鍬で犬を殴り殺した。
④お爺さんは悲しんで、犬を庭の隅に埋めて小さな松の木を植えたら、ずんずんと大きくなった。
⑤お爺さんはその木を伐って臼をこしらえ、米を搗いたら、米がどんどん湧き出した。
⑥隣の爺さんがそれを見て臼を借りて帰り、米を搗くと汚いものや虫が沢山出たので、怒って臼を燃やしてしまった。
⑦がっかりしたお爺さんが灰をかき集め、ザルに入れて帰ろうとすると風が吹いて灰が飛び散り、枯れた桜の木に振りかかりきれいな花が咲いた。
⑧お爺さんはザルを抱えて「花咲爺、枯れ木に花を咲かせましょう」と言いながら歩いて行くと、殿様の行列に会い、「咲かせてみよ」と言われ、灰を撒くと一面の花盛りとなり殿様から大層な褒美をいただいた。
⑨隣の爺さんがそれを見て、殿様の行列を待ちうけ、残った灰を撒くと、殿様の目に入り、叱られて牢に入れられてしまった。

お伽噺は大人の読み本であったのが、明治以降は主として民間に流布する昔話を子供向きに脚色したものを言うようになっている。「花咲爺」もその一つ。分類では「隣の爺型」に属し、『日本昔話集成』には、三十三例が挙げられている。南方熊楠は『十二支考』で、「佐々木喜善君の『江刺郡昔話』に出おる灰蒔き爺の話は、教科書に載ったものとは異態で田舎びたるだけこの話の原始的のものたるを示す」として、その概略を記している。

川上川下に住む二人の爺が、川に筊《どっこ》をかけると、上の爺のに小犬、下の爺のに魚多く入る。上の爺怒って小犬と魚を掏り替えて還った。下の爺自分の筊に入った小犬を持ち還り成長せしむると、日々爺の道具等を負って爺に従って山に往く。一日、山に入って爺に教え、あっちの鹿もこっちへ来う、こっちの鹿もこっちへ来うと呼ばせると、鹿多く聚《あつま》り来るをことごとく殺して負い帰り、爺、婆とともに煮て賞翫《しょうがん》する。ところへ上の家の婆来たって子細を聞き、その犬を借りて行く。翌日上の爺その犬に道具を負わせて、駆《かけ》って山に往き、鹿と呼ぶべきを誤ってあっちの蜂もこっちへ来う、こっちの蜂もこっちへ来うと呼ぶと、処方より蜂飛び来たって爺のキン玉を螫《さ》し爺大いに怒って犬を殺し、その屍を米の木の下に埋め帰った。

下の爺俟《ま》てども犬が帰らず。上の爺を訪ねて殺されたと知り、尋ね往ってその米の木を伐り、持ち帰って摺り臼を造り、婆と共に「爺々前には金下りろ、婆々前には米下りろ」と唄うて挽くごとに、金と米が二人の前に下りた。暴《にわ》かに富んで美衣好食するを見て、上の婆羨《うらや》ましく、また摺り臼を借りて爺とともに挽くに、唄の文句を忘れ、「爺々前には糞下りろ、婆々前には尿《いばり》下りろ」と唄うた通り不浄が落ちたので、怒ってその臼を割って焼きおった。下の爺、臼を取還しに往くと、灰になっておる。灰でもよいからとて笊《ざる》に盛って帰り、沼にある雁に向かって、「雁の眼さ灰入れ」と連呼してその灰を蒔くと、たちまち雁の眼に入ってこれを仆《たお》し、爺拾い帰って汁にして食う。そこへ上の婆またやって来て羨ましさにその灰を貰い帰った。向う風の強い晩に、爺、屋の棟に上ってこれを撒くとて文句を誤り、「爺々眼さ灰入れ」と連呼したので、向う風が灰を吹き入れてその眼を潰し、爺、屋根より落ちるを雁が落ちると心得、婆が大きな槌で自分の夫を叩き殺したという。

「灰蒔き爺」には違いないが、終わりが「雁取り爺」になっているし、発端の小犬の出現もお伽噺の「花咲爺」とは違っている。

お伽噺では単に「お爺さんとお婆さんが白い犬を飼っていました」で始まっているに過ぎないが、昔話では、なぜ老夫婦が犬を養うに到ったかという縁由から説いているものが多い。ここに取り上げた岩手県江刺郡の「灰蒔き爺」では、「川を流れてきた小犬が魚を獲る筌《うけ》にかかって優しい爺と婆に養われた」ことになっており、類例は新潟県その他にもある。また同じ岩手県のものに、「筌にかかった木の根っこを川下の爺が持ち帰り、乾かして斧で割ろうとすると、中から『爺、静かに割れ』と声がしたので静かに割ると、小さな犬の子が出て来た」というのがあり、そのほかでは、次のようなのがある（『日本昔話集成』）。

・婆さんが川で洗濯をしていると川上から桃が流れてきたので拾って持ち帰り、柴刈りに行っている爺さんが帰ってから一緒に食べようと、庭の臼の中に入れて置いたところ、犬ころになっていたので可愛がって大事に育てた（富山県）。

・婆さんが川で洗濯をしていると小箱が流れて来て、中に白い犬が入っていたので可愛がって育てた（山形県、福島県ほか）。川上から香箱が流れて来て、中に小犬が入っていた（新潟県、福島県）。
・子供が小犬をいじめているのを団子と交換し、連れ帰って育てた（岐阜県）。
・爺が毎日木の株を海に流し、竜宮から白い小犬を貰って帰った（香川県）。爺が売れ残った譲葉《ゆずりは》や橙《だいだい》を海神に献上して狆《ちん》を貰った（福岡県）。
爺婆の許に現れたのはすべてが小犬。それが見る見るうちに大きくなる。
・飯を一杯食わせると一杯だけ、二杯食わせると二杯だけ大きくなった（青森県ほか）。
・飯を皿で食わせると皿だけ、椀で食べさせると椀だけ、丼（鉢、鍋）で食べさせると丼（鉢、鍋）だけ大きくなった（岩手県、福島県その他）。
・糊を食わせて育てる（新潟県）。甘酒で育てる（山形県）。団子を食わせると大きくなる（同）。大きくなると、背中に道具や爺を乗せて山に行き、沢山の獲物を獲らせたり、畑を掘らせて大判・小判を掘り出させたり、山に行かぬときは庭の畠から黄金を掘り出させる。それから先はお伽噺「花咲爺」の話型③以下とほぼ同じであるが、生きている時だけでなく、殺されてからも、埋められた跡に植えた木で作った臼から黄金や米を湧き出させ、臼が焼かれて灰になっても枯木に花を咲かせて殿様から褒美を貰わせる。ただの犬ころではない。霊妙な力を持った犬である。その秘密は出現の仕方にある。
川上から流れ下ってくる。しかも桃や木の株や小箱のような姿の見られないものに入って来る。

したがって小さな犬である。どう見ても桃太郎の誕生とそっくりである。桃太郎も原話では「小さ子」である。柳田国男は、桃太郎をはじめ、一寸法師やかぐや姫、親指太郎など一連の「小さ子話」の主人公を、スピリット（精霊）と見る。異界からこの世に現れて非凡な力を発揮し、人々の危難を救ったり財宝をもたらせたりする。「花咲爺」の小犬も異界、村を流れる川の水源、水分神《みくまりのかみ》います霊界から来ている。我が身を犠牲にしてまで、育ててくれた爺婆に幸せをもたらせたのも、霊力を備えた犬であったからにほかならない。

第三話　異界へ還る犬

主人公が異界から人間界に来て幸せをもたらせたあと、再びもとの世界に還るというのは、かぐや姫をはじめ、天人女房・鶴女房など異類女房譚と呼ばれるものの基本的なモティーフであるが、「花咲爺」の小犬も異界から来たように語られていた。ただし、「花咲爺」の犬の場合は隣の爺から殺されているが、犬が天に昇って星になったという話がある。「犬飼星」である。「犬飼星」の名は平安時代にまで遡り、『倭名類聚鈔』に「牽牛　和名　比古保之　又　以奴加比保之」、「織女　和名太奈八太豆女」とある。

柳田国男は、その著『年中行事覚書』の中の「犬飼七夕譚」と、『昔話と文学』の「竹取爺」に、奄美大島の「犬昇天」の話を取り上げているが、前者のものを引用してみる。

むかし一人の翁が、クロという犬を飼っていた。ある夜山中の池のほとりに音楽の声を聞いて、行って見ると天女が水を浴びて居た。是も（天人女房と同じく）飛衣を取匿《とりかく》してその天女を妻とし、三人の児を儲《もう》けたが、のちに子守唄によって飛衣の在りかが知られ、天女が天に還って行く。その時、二番目の児は頭に載せ、末の児は手を引いて行こうとしたが、重いので此の児だけはあとに残した。父の翁は是を知って愛慕の情に堪えず、急いで千足の草履をこしらえ、それを踏んで天に昇って行こうとしたが、千足と思っていた草履は九百九十九足で、たった一足だけ足りない。そうすると飼犬のクロが進み出て、私が其草履の代りになりましょうというので、翁はその九百九十九足の草履と一匹の犬とに乗って、天界に昇って行った。そうして其翁は一番の夜明けの星となり、二番の夜明け星には飼犬のクロがなったという。

柳田はこのあと、「是はまだ織女牽牛の、年に一度の逢瀬とは結び付けられていないが、私はこの天に昇って星になった話が先ず生まれて、それから七夕の方へ伸びて行ったものかと思っている」と述べている。

『倭名類聚鈔』に、平安時代すでに「牽牛＝ヒコボシまたイヌカイボシ」とあって、織女のタナバタツメと並べていることからすれば、「犬昇天」の話はそれ以前からあったということになる。犬が人間を守り、幸せをもたらす霊力を備えているという発想の始原も、そのあたりにあったように思わせられる。

第九章　生活の語り部たち

「そりゃあ日露戦争以後よの」

「何とか片喰《かたぐ》いせんでよかごとならんじゃろかと思いよった」

田圃から上がったなりの姿で、八十四歳の老爺がしみじみとした口調で語った。昭和四十四（一九六九）年の夏、佐賀県鳥栖市の農村を巡っていた時のこと。

「片喰い」とは「バッカシ喰い」ともいい、「米が穫れたら米ばっかし、麦が穫れたら麦ばっかし」食べることだという。つまり、米が収穫された時にはすでに麦が喰い尽くされ、麦が穫れた時には米がなくなっていて、麦飯が炊けなかったというのである。小作農家の場合、小作米を納めたあとの米の絶対量が限られていたため、日常食は米麦混合の麦飯が主体で、それに粟《あわ》、稗《ひえ》、ミノ（水田に生える雑草の実）などを混ぜた雑穀飯、青野菜に切り干し大根、カンコロなどを加えた雑炊やダゴ汁（団子汁）で食い延ばしを図っていた。それでも零細農家では米が半年しかもたず、あとの半年を麦に頼るため、次の年の米の収穫時にはその麦さえなくなるという悪循環に陥ることになる。米だけならばまだしも、麦ばかりになると米の混じった麦飯が恋しくなる。それが「何とか片喰いせんでよかごと」という嘆きになる。

「いつごろから年中麦飯が食べられるようになったとですか」という問いに対して、返って来た答えが、「そりゃあ日露戦争以後よの（だよ）」。老爺の口から突然日露戦争が出てきたのには一瞬戸惑った。わけを聞いて納得した。北海漁場からニシン、ホシカ（鰯粕）などの魚肥が、満州から豆ステ（大豆粕）が入るようになってからだという。それまで堆肥と人糞と焼灰に頼っていた肥料に魚肥、豆粕が加わると、米の収量が反当たり四、五俵から七、八俵に増える。小作米もそれにつれて引き上げられたが、比率的には小作人の手許に残る米の量も増え、どうにか「片喰い」の悪循環が避けられるようになったという。身につまされる思いがした。

しかし、そこまで聞いてまた判らなくなったのが、新しい肥料を買う現金をどこから手に入れたのかということだった。それまで小作農家の聞き取りでいつも気になっていたのが、現金収入を得る手だてだった。徹底した自給自足の日常生活で、どうしても現金を必要としたのが、塩と糸と動物性蛋白質の塩魚、干魚、それに鍋、釜や竹製品、農機具などの修理、購入費だった。農家の主要生産物である米麦はもちろん、畠作物も自家消費がせいぜい。次、三男や娘を奉公に出しても給金は現金よりも米で支払われることが多かった。現金収入は、藁細工と薪売りに、地主の家の日用取《ひようと》り（日雇い）、櫨《はぜ》ちぎり、臘締めなどの賃仕事ぐらいのもの。いくら計算してみても収支の算用《さんにょう》が合わなかった。その上にまた肥料の支出である。

「いつごろから現金収入が増え始めたとですか」という問いに対する返事が、またしても「そりゃあ日露戦争以後よの」。

鉄道工事、電灯線架設工事などの日雇い仕事、足袋裏縫いなど婦女子の内職仕事が増え、次、三男や婦女子の工場勤め、炭坑への出稼ぎが多くなったからだという。

「日露戦争以後よの」は、それからもしばしば古老の口から聞かされ、至極当たり前のこととして受け取れるようになった。

日露戦争は明治三十七、八（一九〇四～五）年。「日露戦争以後よの」は明治四十（一九〇七）年ごろからということになる。

若者組が青年会になり、青年宿で夜学が行われたり、柔剣道を習ったりするようになった。娘たちは処女会に加わり、集会所で行儀作法や裁縫を習い始めた。

義務教育が小学校の四年から六年に延長され、就学率もよくなった。

台湾、朝鮮、満州への移住、ハワイ、ブラジルなどへの海外移民の募集に応じるものが多くなった。

そのほか、明治二十二（一八八九）年の市町村制施行による新しい地方行政機構が、四十年ごろにほぼ定着し、伝統的な村落自治が地方行政の末端機構化してきた様相が、古老たちの言葉の端々を通してうかがわれた。

日露戦争後を境として、農村の暮らしに大きな変化が生じているのを実感したのは、昭和四十五、六（一九七〇〜一）年ごろの調査で、八十歳代と七十歳代の古老の語る話の内容の違いに気付いた時だった。当時の八十歳はほぼ明治二十四、五年生まれ。ちなみに、ムラで大人として一人前に認められ、社会生活に参加できるのは、数え年十六歳の若者組、娘組加入の時からで、八十歳がほぼ日露戦争前後を知る世代の下限であった。七十歳代になるともはや明治よりも大正期のことしかその記憶にない。この世代間の格差から感知されたのが、日本の近代化が、日露戦争以後になって、確実に新しい展開を見せ始めたということであった。

日本史の時代区分では、明治維新をもって近代の幕開けとし、海外文明の流入に伴う明治新政府の殖産興業、富国強兵政策によって日本の近代化が促進されたとする見方が一般的である。もちろんそれに異論はない。

明治十九年から二十二（一八八六〜八九）年にかけてその萌芽を見せていた日本の近代産業が、明治三十年代、石炭産業の進展によりエネルギー源を確保した紡績業、製糸業の主導によって工場制工業を発達させ、日露戦争を経て急速に進展し、戦後には官営軍需工場を中心とした重工業が世界的水準に到達、民間の産業資本の蓄積と相俟《あいま》って、四十五（一九一〇）年ごろ、日本資本主義の確立をみている。

以前、愛知県犬山市の明治村を訪れた時、自動織機の展示を見ていて、明治二十年代のものには木製部分が多く、三十年以後になるとほとんどが鉄製になっているのが目についた。明治三十年代に本格的な〝鉄の時代〟が到来したと、そのとき強く印象づけられた。ただし、すべてが外国製の機械だった。軍艦もまた日清・日露戦争当時はすべて外国製であったが、その後、国内の建艦技術が長足の進歩を遂げ、明治四十（一九〇七）年に呉海軍工廠で初めての国産装甲巡洋艦「筑波」が完成を見ている。ちなみに、八幡製鉄所の創業は明治三十四（一九〇一）年である。

日露戦争以後における新しい近代化の動きは、労働運動の激化と小作争議の頻発にも現われている。日本資本主義の発達と歩調を合わせて、大衆の中に近代的自我が台頭し、近代合理主義が浸透して来たのを物語っている。

文学の世界でもまた同じ。島崎藤村の『破戒』が世に出たのが明治三十九（一九〇六）年。以後、日本文学にモダニズムが撩乱《りょうらん》と華を咲かせている。

鳥栖の農村で聞いた「そりゃあ日露戦争以後よの」というこの老爺のことばが、日本の近代化の過程を象徴する言葉としていま甦ってくる。そして改めて思う。日本の近代化は幕開けからその成熟までに約四十年を要したと。しかもそれが、日清・日露の両戦役を間に挟み、殖産興業と富国強兵との抱き合わせで進行したところに、すでに昭和に入ってからの、満州事変に始まる侵略戦争へ向けての布石がなされていたと思われてならない。

荒神盲僧と荒神まつり

福岡市博多区那珂で旧二月初丑日の丑まつりが行われると聞いて出かけた。昭和五十一（一九七六）年のことだった。旧暦二月の丑まつりは早春の田の神まつりで、筑前一円では、早朝に餅を搗き、土間に据えた臼の上に箕《み》を置いて供え、田の神を迎えてその年の豊穣を祈願する。以前、福岡市早良区脇山の農家で味わった、夫婦で営む丑まつりの浄らかな祈りにもう一度出会いたいとの思いがあった。

目当てのお宅に伺ってまず戸惑ったのが、床の間の前に設けられた祭壇だった。藁を束ねた台の両端に、細い竹を二本立てて注連縄《しめなわ》を張り、その下に紙で切った三本の御幣が立られている。その前で僧侶の読経、途中から琵琶の弾奏が加わった。荒神琵琶である。丑まつりといいながら、これまでに経験した田の神迎えとは違う、琵琶読経による荒神まつりだった。

思いがけない荒神まつりとの出会い。「春と秋に座頭さんが来て、竈《かまど》の前で琵琶を弾きながらお経を唱えて竈祓《かまどはら》えをしてくれた」と、それまで幾度も聞かされていたが、実際に見たのは初めてだった。ただ、ここのは、春の荒神まつりが豊穣祈願の丑まつりと習合し、住宅改造によって竈が取り除かれ、祭壇が座敷に移っていたことに変化のあとがうかがわれた。

一般の農家では、カドノクチ（玄関）を入ったニワ（土間）がウラノクチ（勝手口）まで続き、手前が農機具を置いたり藁仕事をする作業場、奥がナガシとクド（竈）のある炊事場で、クドトコまたはカマトコと呼ばれていた。竈はほとんどの家でクドと呼ばれている。クドには焚き口の三つあるのと、二つのものとがあり、それとは別に、土間の中央部あたりの壁際に、オオクドと呼ぶ、日常の煮炊きとは関係のない大型のクドを設けていたところもある。

火の守り神、竈の神は荒神様、というのが西日本一円に広がっている民間信仰である。福岡県下では、日常の煮炊きをする竈の上にオコクラを設けて三宝荒神のお札を祀っているのが一般的であるが、オオクドを荒神様の御神体に見立てていたところがある。そうした中で「カマトコのクドの

かまどの前で荒神経をあげる城戸亮賢さん

上、煙のあたる所に祀る。けむたいけれども、一番先に御飯を食べて貰うため」という言い伝えを聞いた。そこで思い当たったのがクドという呼び名。

我が国最古の百科辞典『倭名類聚抄』には、カマドは「炊爨《すいさん》するところ」、クドは「カマドの後ろに穿《うが》った窓」とある。気をつけて見ると、農家のかまどは土間の壁との間に、ある程度の空間を設けて築き、後ろの壁にサマンコと呼ぶ窓を取り付けている場合が多い。外側から三寸幅の板を等間隔に打ち付け、内側に同じような隙間を作った引戸を入れて開け塞《せ》きできるようにした換気用の窓が無双窓《むそうまど》。方言でサマンコという。この煙出しの窓をクドと言っていたのが、いつしかカマドと同義に用いられるようになったということである。荒神様を「クドの上、煙のあたる所に祀る」という言い伝えは、竈の神に荒神が当てはめられる以前からの、古い竈神の住処《すみか》を暗示した伝承といえよう。

竈から立ち上る炊煙を見て民の暮らしを推し測ったという、例の仁徳天皇の故事からもうかがわれるように、炊煙はそこで生活が営まれていることの証《あかし》で、古代文書には家数を「戸何烟《こなんえん》」と記したものを見かける。中世から近世にかけては、それが「竈数何戸」と記され、分家することを「カマドを分ける」と言ったりして、竈が家をあらわすシンボルになっていた。

その竈の祓えをしていたのが座頭さんと呼ばれた荒神盲僧。北部九州では、太宰府の四王寺山で修業をしたと伝えられる玄清法印を始祖とする玄清法流の僧侶たち。福岡市高宮の天台宗別格本山成就院に所属して、明治期には福岡、大分、佐賀、長崎、山口県下に千人以上が数えられていたという。それが昭和三十六（一九六一）年の調査では百八十七人に激減、福岡県では昭和三十九（一九六四）年「玄清法流盲僧琵琶」を無形文化財に指定したが、その時点での該当者が六十九人、博多区那珂で巡り会った城戸亮賢さんもその一人だった。盲僧といいながら殆どが晴眼の人たちで、それぞれが各地に檀家を持ち、四季の土用を中心に檀家廻りをし、琵琶読経による竈祓え、家祓えを行なっていた。

荒神琵琶をかなでる小川行舜さん

消滅に瀕している荒神琵琶を記録に留めようと、福岡県で調査に取り掛かったのが昭和五十七（一九八二）年。おかげで懸案だった荒神盲僧の廻檀《かいだん》法要の実態に触れる機会を得た。当時、玄清法流の僧籍名簿では三十三人（内盲目三人）が数えられたが、実際に琵琶を携えて檀家廻りをしていたのは、城戸さんを含めて四人に過ぎなかった。いずれも、一人の檀家地域は町村合併以前の村を単位として約三十ヵ村、檀家数が千二、三百軒ほどで、そのうち実際に荒神まつりを行なっているのは三百五十ヵ所内外になっていた。

各家に竈のあったころは竈の前に祭壇を設け、カマトコに筵《むしろ》を敷いて、その上でお勤めをしていた。祭壇に御幣を立てるのが修験道山伏と共通していた。三本の御幣のうち一本を袋状にして種籾を入れるところに「荒神様は作神様」という意識が窺われる。お勤めは発願《ほつがん》の座、中の座、結願《けちがん》の座の三座。九條錫杖《しゃくじょう》経、不動経、金光明最勝王経、法華経、般若心経などの密教経典に加えて、中の座に地神経、結願の座に荒神経が琵琶の弾奏によって読経される。琵琶の音曲に読経の声調が溶け込んで、得も言われぬ法楽の境に誘い込まれる。

お勤めは三座あわせて約三時間。祭壇に備えられた三升三合の饌米《せんまい》をお布施に頂いて次の檀家へと移る。こうしたお勤めは一日四軒がせいぜい。昔から檀家の中に決まった家があって、一つの村の廻檀が終わるまでそこを宿にしていた。毎年四季の土用の荒神まつりに決まって訪れてくる荒神坊さんは、座頭さんとも呼ばれて村人から親しまれていた。特に琵琶読経以外に、宿で座興として「くずれ」と呼ぶ琵琶語りを聞かせてくれるのが何よりも楽しみだったという。

地域文化伝承活動報告書『筑前の荒神琵琶』の刊行されたのが、翌々年の五十九年三月。まさに消滅寸前だったと思うにつけ、今度は調査で得られた範囲のことだけでも映像化しておきたいという欲望にかられた。少なくとも江戸時代から昭和の戦前まで、日本の農村で人々の暮らしと密接に結びついてきた荒神まつりと荒神琵琶が、今まさに消えようとしている。そうした切迫感が、折から関わっていた、福岡県社会教育総合センターの郷土教材映画制作の企画にマッチして、六十年度に実現のはこびとなった。糟屋郡粕屋町の農家に残っていたオオクドに、大型の荒神釜と祭壇をセットして、城戸亮賢さんに琵琶読経をして戴いた。甘木市にお住まいの、県内で唯一の「くずれ」の伝承者である森田勝浄さんからは、軍記物語の「出世景清」を琵琶語りで語って戴いた。

あれからもう十七年になる。城戸さんも森田さんもすでにこの世の人でない。そして、今では、残された映像「筑前の荒神まつり」だけが、往時を語り伝える唯一のものとなっている。

「くずれ」と「豊後浄瑠璃」

『郷土史誌かわら』（福岡県田川郡香春町）のバックナンバーを繰っていて、次のような文章が目についた。

わたしが「香春岳くずれ」を聞いたのは、終戦直前の頃のことだったかと思います。平田さん方に三晩にわたって聞きに行きました。それはたしか冬の寒い時で、マントを被って聞きに行ったように思います。「香春岳くずれ」とは、琵琶による香春岳落城物語の弾奏です。「赤松巌心入道が、連銭葦毛の馬にうちまたがり、ガバガバガッと乗り出したる香春川」とか、「天草砥石《といし》を腰に下げ、研ぎたて、研ぎたて斬りまくる」……。「座頭さん、座頭さん、そりゃ嘘じゃろう、たった四人が八方に斬らるるもんか」……。「影もろともに斬りまくる」など、座頭さんの語りの名調子と琵琶の音色に魅せられて、語るもの、聞くものが一つになって、夜のひとときを過ごした、あの雰囲気はいまだに忘れえません。「香春岳くずれ」は年配の人々にとっては、忘れえぬ郷愁でありましょう。しかしながら、今はその弾奏者はほとんどいません。そのような伝統芸能が、この地方にあったことさえ忘れ去られようとしています。（辻幸春「『香春岳くずれ』の思い出」）

「くずれ」を語る森田清浄さん

かつて地神盲僧とか荒神盲僧とか呼ばれて、笹琵琶と称する小型、細目の琵琶を携え、村の家々を回っては家祓え、竈《かまど》祓えをし、琵琶を弾じながら地神経、荒神経を唱える一群の民間宗教者がいた。

四季の土用を目安に村を訪れるこれらの人を、村人たちが〝座頭さん〟と親しみをこめて迎えていたのは、村内の決まった家を宿にして、本業のほかに毎夜聞かせてくれる琵琶語りが、村人たちにとって何よりの悦楽であったからにほかならない。

軍《いくさ》物語、武勇談などの段物のほか、「国づくし」「数え唄」などの端唄《はうた》物をレパートリーとしていたが、好みに応じ、段物に荒唐無稽な筋立てを加えたり、当意即妙の諧謔《かいぎゃく》を交えたりして、卑俗に流れることが多かったので「崩れ琵琶」、通称「くずれ」と呼ばれていた。勿論、すべてが「崩れ琵琶」であったとは限らず、私が筑前盲僧琵琶語り最後の伝承者となった森田勝浄さんから聞いた「出世景清」などは、浄瑠璃本の近松物に近いものであった。しかし、人々に最も承《う》けたのは、やはり滑稽諧謔に富んだ「くずれ」であったようである。

　福岡市薬院に住まいして筑前琵琶の製作をしていた吉塚旭貫堂さん（明治二十七年生れ、本名元三郎、故人）は、十五歳の頃から旅座頭の「くずれ」を聴き、その節調を覚えて、折に触れ自作の琵琶で語っていたが、「鯛の婿入り」「餅酒合戦」などの滑稽物が得意であった。私も両三度聴く機会を得たが、持ち前の甲高い声が災いして、お義理にも上手とは言えないまでも、「くずれ」の滑稽さだけは伝わってきた。

「くずれ」の段物で、その滑稽さまさに極まれり、といえるものに、豊後浄瑠璃の「渡辺綱羅生門の鬼退治」がある。豊後浄瑠璃というだけに大分県の国東盲僧のレパートリーであったらしい。私が始めて耳にしたのは昭和二十（一九四五）年、学徒出陣から復員して初めて勤めた福岡県田川市の小学校の宴会の席であった。先輩教師が次々と出す座敷芸の中で、極め付けが教頭の演じる豊後浄瑠璃。羽織の肩口に物差しを差し込んで裃《かみしも》を象《かたど》り、柄の短い座敷箒を斜に構えて琵琶を模し、首を振り振りうなる「羅生門の鬼退治」はまさに名人芸というに相応《ふさわ》しいものだった。

「むかし、むかーし、渡辺ン綱チュウ奴《やた》ァ、上ンジイカル、下ンジイかけチ、アッチあられン、チェンプな、えれえ奴なる」。豊後弁丸出しの語りも、豊前地方のものには十分通じた。「昔、昔、渡辺綱という奴は身分の上下を問わず、そんじょそこらにはいない、とてつもなく強い奴だった」

と。その綱が羅生門に鬼退治に行くと言って、

「朝ンズーカル、ケー起きチ（朝の内から起き出して）、ガタガタせんちん（雪隠）ニャ駈けクぅち、クサア（糞は）小山ンゴト、ゴタゴタゴターッと左巻きに撒きチーニジ（撒き散らし）、裏ン溜池イ行ッチャア、面ア（顔を）ノンボリクンダリ（上から下に）二、三べんケーチナゼチ（掻きなでて）、ヨンベン残りン（昨夜の残りの）ズーシー（雑炊）バ四、五、六ペエもウチ食《くろ》うて…」、馬を駈け、羅生門に行って、現れた鬼の腕を斬る、という筋立てであるが、その間の女房とのやり取り、羅生門での立回り、鬼から斬った腕を取り戻される後日談を含め、きわどいくすぐりを交えて、何度聴いても飽きない面白さ、可笑《おか》しさであった。

　火野葦平が豊後浄瑠璃を得意としていたことを劉寒吉さんから聞いたことがある。

「『九州文学』同人の集まりで、葦平の語る豊後浄瑠璃を、鶴のように痩せた矢野朗が、着流しで側に立って意訳をする、その飄《ひょう》々としたすっとぼけた味がまた、たまらなく可笑しかった」と。

　葦平資料館の鶴島正男さんにこのことをお尋ねしたら、早速、『河童曼陀羅』の表紙裏に書かれた葦平自筆の豊後浄瑠璃と、『かっぱ十二話』所収の「豊後浄瑠璃〈羅生門鬼退治〉」のコピーをお送り戴いた。

「私は、昔これを覚えてから、ときどき酒席でやるが、その時には翻訳を付ける。直訳劉寒吉、意訳矢野朗、と三人揃えば申し分がない。太棹の三味線を入れれば本式だが、そんな格式ばらずとも、文句をどなるだけで、座興になる」

　ところがこれを東京で、日本文芸家協会主催ののど自慢でやったら、鐘二つ。司会の渡辺紳一郎

から、「糞尿譚の作者だけあって、ウンコをするところだけはわかりましたが、あとはドイツ語のようで一つもわかりませんでした」といわれたとか。

ところで葦平さん、一つだけ勘違いをなさっておられる。「浄瑠璃」と名付られているので義太夫節と思い込み、「太棹の三味線を入れれば」と言っていることである。「本式に一度聞きたいものである」とあるから、結局は私と同じまた聞きだったということになるが、私の聞いたのは口三味線ならぬ〝口琵琶？〟であった。

昨年再放送された、昭和四十六（一九七一）年放映のNHK新日本紀行「鬼と琵琶法師」に、国東の盲僧琵琶で豊後浄瑠璃が語られていると聞き、雀躍《こおど》りしてテープのダビングをお願いし、早速、再生して見たが、「羅生門の鬼退治」を語っていたのは、何と、福岡の吉塚旭貫堂さんであった。しかも、そばには、前の画面で琵琶読経をしていた国東盲僧の方がいらっしゃる。豊後浄瑠璃「羅生門の鬼退治」は、まさしく国東盲僧の「くずれ」であったのが、昭和四十六年の時点ですでに伝承者が絶えていたということになる。

昭和三十三（一九五八）年、東京教育大学の和歌森太郎グループの行なった、国東半島民俗調査の報告書『くにさき』（昭和三十五年刊）には、「羅生門の鬼退治」の全文が採録されている。このあたりが下限であったのかもしれない。

記録はあっても、実際の語りとなれば、今はもう、私のうろ覚えぐらいしかなくなったかと、そぞろに寂しさを覚える。

早川ナヲさん（明治三〈一八七〇〉年生）

昭和二十八（一九五三）年、初めての聞き取り調査でお目にかかったお婆ちゃんが早川ナヲさんだった。家内の祖母で当時八十三歳。大学通信教育の卒業論文テーマに口承文芸を選んでの昔話採集だった。カセットテープレコーダーのなかった時代、オープンリールの箱型テープレコーダーを自転車の荷台に括りつけて、福智山麓の高地の村（福岡県田川郡福智町弁城）まで緩急のある坂道を押し上げた。あらかじめお願いしてあったので近所の子供たちが十人ほど集まってくれていた。話し手はお婆ちゃんで、聞き手は子供達、そして私が録音係。

以下、お婆ちゃんの語り。

猿と蟹とが餅ビカリしようちいうことになっちな、猿が蟹に「俺が餅搗きの支度ばしちょるき、お前は山行っち杵《きね》ば伐っちこい」言うち、蟹が山に行っちょる間に米ば蒸しちょった。蟹が木を伐っちくると、「そげなねじくりかえったんで搗けるか。もっとすぐい（真っ直ぐな）のを取っち来い」言うもんき、蟹はまた山へ行ったげな。

そん間に猿ぁ蟹の伐っち来た杵で餅ば搗いち、袋ん中へ入れ、木に登っち自分独りで食べちょった。蟹は帰っちきち、猿がおらんもんきオロオロして「猿ヒョー　猿ヒョー」っち、あちこち探し回っちょる。そん格好がおかしかったもんき、木んツジい（枝先に）いた猿がクスクス笑ったんで蟹が見つけち、「そん袋はなんか」ち聞いたりゃ、「餅たい」っち言う。蟹が「俺にも呉りい」っち言うと、「俺が搗いたんやきやらん」ち言う。蟹ゃ知恵ば絞っち「餅はとんぼ返りば打っち食うと旨かばい」っち言うと、猿ん奴ぁ調子に乗っちとんぼ返りば打ったら餅がみーんな落ててしもうた。

蟹ぁそれば掻き集めち穴ん中へ逃げこうぢ、ムシャムシャ食べちょった。猿はあわてち穴ん傍へ来ち、「蟹ヒョー　蟹ヒョー」ちおろうじ（叫んで）、「俺にも分けちくり」ち言うたけんが、蟹ぁ「おめえも呉れんじゃったけん俺もやらん」ち言うた。

猿は腹をたてち、「呉れんなら穴ん中へ糞ば垂れ込むぞ」ち言うち、穴ん口へ尻ば押し当てた。そんで蟹が猿の尻ばはさみでギューッと挟んだ。そんで猿の尻は赤うなったげな。さーるのけつはまっかっか。こんでおしまい。

ゆっくりと間を取った語りに身を乗り出して聞いていた子供達が、お婆ちゃんのいとも哀れな声で「猿ヒョー　猿ヒョー」というあたりになると、くすくすと笑い出す。お婆ちゃんの方も興に乗って、「猿と蟹」が終わると「こんだあ吉吾さんの話ばしょうかいの」と、吉吾話に移る。こうしてその日は七話ほどの収録ができた。

帰る道々お婆ちゃんの「猿ヒョー」「蟹ヒョー」という悲しげな呼び声が耳から離れなかった。その時ふと浮かんだのは、あの呼び声は、お婆ちゃんが子供の頃に自分のお婆ちゃんから聞いた調子そのままではなかったということだった。寝床の中で、同じ話を飽《あ》きもせずにねだって繰り返し繰り返し何度も聞いて、それが耳の奥に滲みついていたのをそのままの調子で子供たちに語っていたのではなかったろうか。

こうして伝えられてきたのが昔話である。すでにナヲ婆ちゃんのような伝承者には巡り会えなくなった。それだけに、その後も訪ねて二十五話ほど収録したオープンリールのテープと、テープ起こしをした記録ノートは、私にとってかけがえのない宝物である。

熊懐充彦《くまだきみちひこ》さん（明治二十七〈一八九四〉年生）

郷里の田川郷土研究会が昭和三十一（一九五六）年から三十三年にかけて実施した英彦山総合学術調査で巡り会ったのが、英彦山神社（現在は神宮）の禰宜《ねぎ》、当時六十二歳の熊懐充彦さんだった。

英彦山は、江戸時代までは出羽の羽黒・紀州熊野と並ぶ日本三大修験道霊場の一つだったが、その頃の私には修験道の知識が皆無だった。なにはともあれ、修験道関係の基本文献と、『稿本英彦山神社誌』だけには目を通して、英彦山神社に足を運んだ。そこでお目にかかったのが熊懐さんだったが、度の強い眼鏡の奥の温顔に先ず心が和んだ。

私に与えられたテーマは「英彦山の祭事と信仰」。あらかじめ電話でお願いしてあったので、社務所の奥の間に招じ入れられ、見せられたのが、カーボン紙で複写した明治二十六年の「官幣小社英彦山神社伝来祭典旧儀並音楽神楽書上帳」。明治以後の英彦山神社の祭礼は、三月十五日の御田祭と四月十五日の神幸祭であったが、藩政時代陰暦二月十四、五両日に行われていた英彦山修験道年中最大の行事「松会《まつえ》」の中に含まれていた神事だけを記したもので、「書上帳」には消滅した修験道行事がその名を留めていた。

英彦山修験道は、明治初年の廃仏毀釈、修験宗廃止によって長い歴史に終止符を打たれ、幕末に二百五十八坊を数えていた山伏も離散し、調査時点では二十軒そこそこが残留しているに過ぎなかった。熊懐家もそのうちの一軒。旧称は曼珠院《まんじゅいん》。神仏混淆時代の英彦山修験は惣方《そうがた》（神徒）と衆徒方《しとがた》（仏徒）、行者方（先達）に分かれていたが、曼珠院は衆徒方だった。神仏分離によって還俗《げんぞく》し、英彦山大権現が英彦山神社となった折に神職となり、充彦さんがその跡を継いでいた。

予期はしていたものの、熊懐さんのお話を伺っているうちに、英彦山神社の祭事は、その母胎である英彦山修験道を抜きにしては考えられないのを改めて痛感した。私の無知を見透かしたように、持参された風呂敷包みを解いて中から五、六冊の古文書を取り出し、さきの「書上帳」に記された「旧儀」について、懇切丁寧な解説をして下さった。夕刻近くになって、「今晩お泊りなら宿に帰ってゆっくり御覧なさい」と、風呂敷包みをそっくりそのまま貸して下さった。

夏休みを利用しての調査だったので一週間ほど宿を取っていた。昼間は聞き取り調査、夜は古文書の筆写。初めての古文書読みも比較的読みやすいものだっただけに、読めない箇所は社務所に伺ったとき熊懐さんから手ほどきを受けた。

英彦山の調査には足掛け三年を要した。熊懐さんの紹介で殆どの残留坊家を訪ねて話を伺うことが出来たが、もっとも足繁く通ったのが熊懐さんのお宅だった。初めてお会いして間もなく神職を辞められたので、私の訪問を迷惑がらずに迎えて下さった。お宅にお伺いして先ず驚いたのが、茶《ちゃ》櫃《びつ》四箱に納められた修験道関係の古文書だった。曼珠院以外の収集文書も含まれていた。修験者であった先代が廃仏棄釈の際に、離散する坊家から譲り受けたものだった。覚書の類から、惣方、衆徒方、行者方それぞれの儀礼、松会に関する諸記録、峰入日誌等々、英彦山修験の組織、機能の細部に亘る記録類が含まれていた。素人の私にも、一見してそれが英彦山修験道に関する基本的な資料群であることが判った。隠滅を前にそれらを収集・保存された先代の見識に感じ入った。

調査報告書『英彦山』が刊行されてからも熊懐さん宅への訪問が続いた。英彦山修験道の奥の深さが私を捉えて離さなくなった。お伺いするたびに五冊ずつ文書をお借りして帰った。コピーのない時代である。職務の合間をぬってノートに筆写するのに二ヵ月はかかった。古文書の解読も少しずつ進んだ。読めない箇所はお返しに伺ったとき熊懐さんの手ほどきを受けた。内容について根堀り葉掘りお尋ねするのを、一つ一つ丁寧に説明して下さった。そのときに気付いたのが、文書に英彦山修験独特の読み方のあることだった。点合《てんない》護法社《ごほうしゃ》、宣度《せど》長床組《ながとくぐみ》、遠藺次《とおらっし》等々である。充彦さんには修験者の経験はない。これらはすべて先代から口伝えで受け継いだものである。私に対する文書の解説も同じく先代から教えられたもの。そう思った時、茶櫃の中の文書と、間接体験ながら充彦さんの受け継いだものが、英彦山修験道を伝える何物にも替え難い遺産であることに気付いた。

英彦山の故事来歴を知る上で欠かせないのが、江戸中期の学僧富松坊広延の記した「塵壼集」と「見聞略記」。それを教えて下さったのも熊懐さんだった。文書だけではない。英彦山の山内に残っている山伏の修行窟、修行場から、数多くの宗教施設をくまなく巡ることの出来たのも、英彦山の「生き字引」熊懐さんが居られたればこそであった。英彦山の盆踊り「松阪」を取材に行ったとき、

「松阪」を歌う熊懐さん（左端は筆者）

求めに応じてマイクに向かい、よく響く声で「松阪踊り」の唄を朗々と歌ってくださった。

こうして職務の合間をぬっての英彦山通いが六年目に入ったころ、いつものように、坊家の暮らしのこと、九州一円に広がっていた英彦山信仰圏からの「英彦山詣り」のことなどに話の花を咲かせあと、お暇しようとしたとき、珍しく熊懐さんが、「ここまで来られるのは大変でしょうからもっと持ってお帰んなさい」と、茶櫃の中から二十冊近くの文書を出して下さった。心は動いたが、「貴重なものですから」と固辞していつもの通り五冊だけお借りして帰った。

当時、田川市から福岡市近郊に居を移していたこともあり、筆写に手間取って半年ほど経ったろうか、久しぶりに表参道を登り、下谷の熊懐さん宅を訪れて、唖然とした。お宅が姿を消している。わが目を疑った。元の屋敷の隅に小さな掘立小屋に近い家があったので、半信半疑で訪いの声を掛けた。すっかりやつれられた熊懐さんのお顔がそこにあった。お宅が火災で焼失したのだった。

「婆さんと二人では何も持ち出せませんでした」。狭い家の中にはわずかばかりの家具があるだけだった。もちろん茶櫃は古文書とともに消えていた。お慰めのことばもなく、お借りした五冊の文書を差し出すと、「これだけが残りました。あの時もっと持って行って貰えばよかった」と、涙されたお顔がいまだに忘れられない。

熊懐さんの亡くなられたのを知ったのはそれから間もなくのこと。伝え聞いて、ご霊前に伺い手を合わせたが、あの温顔がいつまでも脳裏を離れないでいる。

鳥飼熊治さん（明治二十九〈一八九六〉年生）

・一合ガユ（かゆ）　二合ズーシー（雑炊）　三合めし　赤飯四合　五合もち　六合ダゴにウドン一升。（米麦の消費量）

・木六　竹八　芋《う》十月　草野又六いまが切り時。

・三月ゴボウに熟れゴボウ。（ゴボウは二月中に蒔いてしまわねばトウが立つ）

・（大豆）八十八夜は土のうち。（大豆は八十八夜までに蒔いておかねばならぬ）

・六月イチビ（麻の代用品）は棺の縄になる。（五月中に蒔いておかねばならぬ）

・地蔵大根　ソバ観音。（地蔵講は八月二十一日、観音講は八月一七日、ソバは大根より四日早く蒔け）

話の合間に次から次へポンポンと歯切れのいい言い伝えが飛び出してくる。先人が経験の中から生み出した生活の目安である。

鳥栖市幡崎町で鳥飼熊治さんに初めてお会いしたのが昭和四十三（一九六八）年、鳥栖市史民俗編執筆のための調査の折だった。それから三年余、市域にあたる旧藩時代の三十五ヵ町村を丹念に歩いて多くのお年寄りからお話を聞いたが、もっとも頻繁に訪ねたのが鳥飼さんのお宅だった。

言い伝えだけではない。尋ねたことに的確な答えが返ってくる。こちらの意図を呑み込んで、気付いていなかったことまで付け加えて下さる。話だけではない。正月二日の「二日起こし（仕事始め）」の〝藁ジャーク（藁細工）〟について尋ねると、即座にニワ（土間）に下りて、手際よく足半草履を編み上げてくれる。夏、冬の仕事着のことになると、話すより早いとばかりその場で現物を出して着て見せる。冬の部屋着（ネッツデ）もお婆ちゃんと男物、女物を着て、並んでカメラに収まってくれた。食事はおばあちゃんの領分だが、時々自分も口を挟む。「タラが大将。ごちそうは豆腐、コンニャク、タラにしめ、芋んコグリにドジョウ汁。芋んコグリは長崎芋、白芋などを大根、川魚の干物と一緒に砂糖醤油で煮たもの」。

あちこちで聞き漏らしたことの補充調査は、特定地域以外のこととなるとたいていは鳥飼さんのお話で間にあった。

ことわざ・言い伝えは鳥飼さんの独壇場。

・年縄を外す前に灸《きゅう》をすえると苗代田にスボリが入る。
・ダンダラ粥が焦げ付くと苗代田にスボリが入る。
・年縄は十四日に焼いてしまわねば田植えが遅れる。
・正月の里帰りに嫁が長く居ると苗ん尻が重くなる。

鳥飼さんの仕事着・部屋着と藁ジャーク

夏の仕事着

冬の仕事着

冬の部屋着

足半《あしなか》をなう

・神家《じんが》が揃わぬ。（寄り合いに人が集まらない）
・苗代田の跡に餅稲を植えるとウレイモチ（葬儀用の餅）になる。
・新築の時、社日に注連を張れば地鎮祭に神主を呼ばなくてもいい。
・祇園の日は田の草取りに行くものではない。

どこかで聞いたものも混じっているが、初めて聞くもの、その後の調査でも出てこなかったものが多かった。

後日談がある。抜群の記憶力。私にとっては忘れ難い語り部の一人である。昭和五十七（一九八二）年、福岡市歴史資料館の民具展で洗濯盥《だらい》を展示しようとしたが、乾燥して竹のタガが外れている。桶屋に持って行ったらいつまでかと尋ねられた。七月二十日に展示したいと答えると、タガに使う竹は七夕を過ぎないと駄目だという。つまり新しい竹でないと、前の年のものには虫が入っているから使えないとのこと。この場合の七夕は当然旧暦だから八月に入ってからということになる。当惑していると、「七月二十日までなら何とかして見ましょう」と助け舟を出してくれた。ホッとした。

「盥のタガに使う竹は七夕を過ぎないと駄目」。鳥飼さんの、「木六、竹八、芋十月」の「竹八」が蘇って来た。

小林タカネさん（大正七〈一九一八〉年生）

志賀島に春を呼ぶのがカナギの回遊。旧正月過ぎから浜はカナギ網で沸き立つ。とれたのをすぐ、浜に設けたカマドで「釜上げ」にして天日に干す。茹《ゆ》で乾しにしたのは煮出しに用いるが、茹でたのを熱いうちに三杯酢をかけて食べるのがおいしい。特に新子（稚魚）はシロウオに似ていて生の味が絶佳。アオサ（海藻）の吸い物に浮かしたり、ゆでてワカメと酢物にしたり、卵とじにもする。醤油でカラッと煮上げてもいい。

福岡市東区志賀島の食生活調査をしている時に出会ったのが、当時（昭和六十〈一九八五〉年）六十七歳の小林タカネさん。ご主人は釣漁専門で、お二人とも生粋の浜育ちである。

カナギが来るとそれについて季節の魚が押し寄せてくる。カナギや一緒に網にかかるツンツンイカ（対馬イカの小さなもの）を餌にして、ノウハエ（延縄）でスズキ、チヌ（クロダイ）、タイ、ブリなどがよく釣れる。

カナギ網が終わると、旧二月末ごろからイカ漁が始まる。ツゲの枝を取付けたイカ籠を仕掛けておくと産卵に来たシバイカ（コウイカ）がよく入る。ミズイカは旧四月から六月頃までイカマゲ（定置網）に入る。ヤリイカは梅雨時から陸《おか》近くへ来るのを夜釣りで釣る。

八十八夜ごろから流し網に入るのがメアゴ（雌のトビウオ）。ヲアゴはイカマゲや張網《はりあみ》にかかる。鯛網も同じく八十八夜ごろから。「鯛は麦の熟れる頃に取れる」という。鯛が産卵に来る四月中旬ごろからは延縄《はえなわ》、盆過ぎから旧十月中旬までは沖に出て一本釣りをする。

夏は魚の種類が豊富で、アジ、イッサキ、キスゴ、コノシロ、ゴウゾウ（アラカブ）、ヒラメ、カルイ（カレイ）、イシモチ、バリ（アイゴ）などがよく釣れる。

秋はイカマゲの揚がりがた（揚げるころ）からヤズが釣れはじめる。小型のブリで一番小さいワカナゴはまだ身が柔らかくて味がよくないが、ヤズになると脂がのって旨くなる。

筥崎八幡宮の放生会《ほうじょうや》（旧八月十五日）が近づくと、博多湾内で放生会ガネ（ワタリガニ）が建網に入る。その頃になるとガネを追ってタコが来る。タコを追ってカナトフグが来る。夏から秋の変わり目である。

旧暦九月のオクンチ、志賀海神社の秋祭りの頃からサワラの回遊が始まる。サワラはブリとともに正月魚として欠かせない。ともに秋口からイワシを追って近海に現れる。流し網に入るが、釣漁でも釣れる。秋から冬にかけて、時化《しけ》の合い間にとったものを生簀《いけす》に入れておく。

小林さん夫妻と網漁の漁師さんから聞いた志賀島の「漁撈暦」である。一覧表にして漁村調査のたびに持ち歩くが、浦ごとの魚の種類や回遊の比較ができて随分重宝している。

タカネさんが話してくれる魚の調理法が、これまた浜育ちだけにお手のもの。それぞれの魚にあった身のさばきかたや味付け、海藻や野菜などとの取り合わせなどが、聞いているだけでその模様が目に浮かぶ。

アゴは背割りをして塩干しにするが、メアゴのほうが身が固い。生《なま》は三枚におろし、キュウリと一緒にナマスにしてキュウリガキをつくる。ゴマ醤油に漬けて茶漬けにしてもいい。イワシと同じく、すり身のだんごを味噌汁や吸い物に入れる。棒の形に固めたすり身を布巾に包んで蒸したカマボコは、青松葉などをあしらってお客さんの時に使う。

次に伺った時、アゴのキュウリガキを作って下さった。生のアゴのとろりとした風味が何ともいえなかった。放生会ガネは茹でたら味が落ちる。蒸して食べるのが一番おいしいが、薄醤油でからっと煮上げてもいいと、目の前で煮て下さった。お暇しようとすると「一寸待ちんさい」と、向

正月のヨロズカケ（志賀島）

かいの魚屋へ行って新鮮な〝おつくり〟をさばいてことづけて下さった。本当に「味を可愛がる」方だった。

古いしきたりを留めている志賀島の中でも、タカネさんのお宅は特に折目節目の行事がきちんと受け継がれていた。

例えば正月行事。暮れの煤《すす》とりが終わると、一升枡に八合ほどの米を入れ、ナマノクサケ（イワシかイリコ二匹）を添え、家族揃って米の食べ初め（二、三粒口に入れる）をする。夜はその米で味御飯（サワラ御飯など）を炊き、煮しめをこしらえ、〝煤とり茶〟といって近所の人を招く。カマドの煤とりのあとで煤の付いた藁束を二つ折りに撓めて括り、穂先を上に広げて帆掛け舟を象り、煤とりに用いた笹の葉を二、三枚挿したススミテと呼ぶ荒神様の注連《しめ》飾りを、カマドの無くなった今でも新しい藁束で作って炊事場の荒神棚の上に飾り、棚の下にはヨロズカケを下げていた。長さ一メートルほどのカヤの木の棒にスルメ、コンブ、ブリ（またはサワラ）を細めの藁縄でつるしたもので、一般ではサイワイ木ともいう。

年縄作り、餅つきにもきちんとした作法が守られ、おせち料理も、りきじょう（陶製で円形三段のお重）や重箱の中身に、代々受け継がれてきた品数と順序があった。神棚のお供えも、祀られている神様の数だけ木具を別にして一つずつ小餅を入れ、上にゆでたシイタケを載せていた。

「全部昔からのしきたりどおりですよ。姑が厳しい人でしたからね」とおっしゃるタカネさん。六十歳代にしてはまれに見る豊かな知識と折目の正しさは、ほかならぬ、厳しいお姑さんのしつけを受け継いだものだった。その時ふと、「百人に一人巡り会えるかどうかわからぬすぐれた伝承者」という想いが頭を過《よ》ぎった。

「伝承」ということばのもつ重みが伝わってきた。めったに巡り会えない優れた伝承者から聞いた話は、いつまでも新鮮さを失わずに蘇ってくる。

第十章　炭坑《ヤマ》に生きる

川筋気質

山田洋二監督の映画、北海道の夕張炭坑を舞台にした「幸福《しあわせ》の黄色いハンカチ」〈昭和五十二〈一九七七〉年作品〉は、主人公の元炭坑夫、島勇作の純朴さと粗暴さの同居した人間臭さを、高倉健が見事に演じていた。「あんたって勝手な人ね」という倍賞千恵子演じる妻、光枝のせりふには、勇作の短絡的思考に対する非難が籠められていたが、フィナーレですべてを許した証《あかし》の、風にはためく「黄色いハンカチ」のアーチが感動的だった。

夕張市にはこの映画の舞台になった炭坑住宅が「幸福の館」として保存されており、年間五～六万人にも及ぶ人々が訪れ、「幸福になりますように」と書いた黄色い紙が部屋中に隙間なく張られているさまを、いつかテレビの画面で見たことがある。映画への共感の現れと見た。

粗暴と純朴、刹那的・短絡的思考に対する純情なためらいと不器用さ、表面を繕うことを嫌う淡白さ。私にはこの映画の主人公島勇作に、炭坑人気質《かたぎ》の原像を見る思いがした。

「俺ぁ飯塚（出身）たい」。勇作のせりふ。飯塚は福岡県飯塚市。筑豊炭田の拠点であった。かつて国内最大の出炭量を誇っていた筑豊炭田は、一九五〇年代後半（昭和三十年代初頭）のエネルギー革命によって〝なだれ閉山〟を起こし、一九七三（昭和四十八）年、貝島大之浦炭鉱の閉山をもってその幕を閉じている。二十万人になんなんとする炭坑失業者に対し、国も失業対策事業に力を注いだが、失業者の中には、長年過ごした炭坑労働への愛着を捨てきれず、稼働中の炭坑へ再就職する者もいた。「俺ぁ飯塚たい」という勇作のせりふには、筑豊の閉山炭坑から北海道の夕張炭坑に移った坑夫という設定がなされていた。ちなみにこの映画が制作された昭和五十二年（一九七七年）は、夕張炭坑閉山の年であった。撮影はそれに先立って進められていたであろうから、この映画は稼働中の夕張炭坑、最後の映像ということになろう。

それはともかく、この作品の中の島勇作は、筑豊の炭坑夫そのものだった。勇作を演じた高倉健が、筑豊の中間市出身だったこともあろう。

石炭は日本の近代産業革命のエネルギー源であったが、その生産地は限られ、わずかに北海道・常磐・西中国（宇部）と、北部九州の福岡（筑豊・三池・福岡）・佐賀（唐津など）・長崎（高島など）三県に過ぎなかった。

筑豊炭田は、福岡県の北東部で、響灘に注ぐ遠賀川流域一円に広がる石炭生産地で、十九世紀末の産業革命期には、全国出炭量の五三％を産出し、大小五百以上もの炭坑がひしめいていた。筑前と豊前に跨っていたので名付けて筑豊炭田。北海道のような幕末に至ってにわかに荒蕪地に開鑿《かいさく》された炭田、三池や高島のような海に面した炭田とは異なり、内陸部深く、豊沃な農耕地帯を貫流する遠賀川を動脈として拓けた炭田である。

石炭は燃石《もえいし》、焚石《たきいし》と呼ばれ、江戸時代には薪炭《しんたん》の不足を補う燃料として用いられたが、黒煙と異臭を発して燃えることから、不浄の火として嫌われた。やがて燃やすうちにそれがなくなり、コークス状になって火持ちのいいことが判ると、石殻《いしがら》と呼んで都市部で家庭用燃料として用いられるようになり、生石《なまいし》は主として海岸部で漁撈の篝火《かがりび》や製塩の塩焚《た》きに用いられた。天明期頃から（一七八一～）は、瀬戸内の塩田向けに、筑豊炭の本格的な商品化が始まったが、その輸送を一手に引き受けたのが遠賀川の川舟だった。遠賀川はもともと流域農耕地帯の灌漑用水源であり、年貢米輸送と商品流通の水路だった。遠賀川水運には五平太船、あるいは川艜《かわひらた》と呼ばれる舟底の扁平な川舟が用いられていたが、天保年間（一八三〇～四四）からは石炭輸送が年貢米を上回るようになり、明治以後は石炭が主力となった。この川舟を操る船頭は農村の次、三男クラスで、村落共同体から離脱して来た〃はみ出し者〃たちだった。遠賀川は上流部ほど水量が少なく、川舟を操るには技術を要したが、苦労の末に手にする現金収入の魅力はまた格別で、得た金は気前よく散じてしまう淡白さ、潔さを信条とする、自由奔放な「川舟船頭気質」が胚胎した。

一方、石炭の採掘は、江戸時代には地元の農民によって、農閑期の副業として露頭掘りが行われていたが、生産が拡大するにつれ、専業の採掘労働者が出現する。金山《かなやま》掘りの経験を持ち各地を渡り歩いてきた熟練者たちだった。漂泊的・流動的で、採掘現場の近くに掘立小屋を建てて住み、適宜移動をしていた。

石炭に新しい用途が開かれたのは嘉永六（一八五八）年のペリー来航が契機で、蒸気機関の動力源として、船舶用燃料、鉄道用燃料が脚光を浴び、さらに、十九世紀末の近代産業革命を機に工場用石炭が急速な伸びを見せるようになった。

筑豊の石炭生産は、幕末から明治二十年代末にかけては、一山請負的な「頭領制」と呼ぶ前近代的な経営組織だった。経営者を山元（炭坑主）と呼んだが、在地の地主や資産家たちで未経験者が多く、実務は経験を積んだ頭領にまかせた。頭領には石炭採掘の技術とともに、坑夫を統率する能力の優れたものが選ばれた。坑夫の中には、在地の農民が賃労働に出かける「村方坑夫」（別名「掛け坑夫」）もいたが、主力となったのは、前述の各地の炭坑を渡り歩いて熟練を積んだ専業の坑夫で、「旅人」とか「渡り坑夫」とか呼ばれていた。

彼等はその漂泊性の故に、「げざいにん（下罪人）」と賤称され賤民視されたが、暗い地底での過酷な労働に耐えながら、熟練労働者となるだけのしたたかさを持っていた。そして、その中から坑夫たちを束ねる力量を備えたものが出て、頭領となった。その頃の坑夫と頭領の実像を描いているものに、『筑豊鉱業頭領伝』（明治三十六〈一九〇三〉年、児玉音松）があるので要約してみよう。

明治初期の坑夫の生活は全く人並みとは思えないほど荒れ果てたものだった。こういう所に集まってくる坑夫は、多くは親代々の坑夫ではなくて、農村の然るべき家に生まれながら、生来の我侭《わがまま》から、親子、兄弟、親族との折り合いも悪く、自分から村を飛び出して坑夫となった者たちである。こうした暴れ馬を制御したのが頭領で、いつの間にか石山風に感化され、男の中の男になろうと懸命に働き、一人前の坑夫に成長する。いずれかの名物男の頭領に叱咤《しった》され、教訓され、導かれ、初めてヤマに腰を据えた者たちで、坑主の宝物、坑夫を育てたのは頭領たちの手柄である。

頭領には労務供給請負業的性格があり、親分膚で、並はずれた活力、洞察力、放胆さを持ち、仕事に厳しい反面、人情に厚く、衆望を担う人間的魅力があった。そうした頭領の下に集まった坑夫を、ここでは「親兄弟との折り合いも悪く村を飛び出した我侭者」と言っているが、必ずしもそうとは言い切れない。

農村からの出稼ぎが増加し始めたのは、明治二十年代から三十年代初頭（十九世紀末）にかけての、石炭産業近代化の時期で、炭坑は村内分家のままならない農家の二、三男クラスにとって、格好の働き場所であった。独身者は大納屋《おおなや》、夫婦者には一軒の納屋が与えられ、しかも、夫婦で坑内、坑外の仕事に従事でき、現金も出来高払いという、「企業丸抱え」の生活は、何よりの魅力で、

赤い煙突目がけて行けば
　米の飯なら暴れ喰い

という仕事唄さえ残っている。

明治二十年代から三十年代にかけて、三井、三菱、住友ら中央大手資本の筑豊炭田進出が始まり、それと拮抗《きっこう》して貝島、麻生、安川らの、「筑豊御三家」と呼ばれた地場企業も、前近代的な頭領制

広島坑夫（山本作兵衛・画）

から直轄制へと移行して経営規模を拡大し、企業側からも積極的に、各地の農村へ向けて坑夫募集に出掛けた。

『筑豊炭礦誌』（高野江基太郎、明治三十一〈一八九八〉年）には、筑豊の各炭坑への出稼ぎ坑夫の出身地が記されているが、九州各県から中国・四国地方にまで広がっている。一例をあげれば、鞍手郡宮田町（現宮若市）の第一大の浦菅牟田炭坑の「坑夫」の項に、「総数五百九十人（男七女三の割合）、其の産地は広島・鹿児島両県下七分通りを占む。広島人は概して事業に勉励し、鹿児島県人亦同郷団結の念に強く、能く事業に精励せり。」とある。ここに見える広島坑夫は、筑豊全体を通じて県外からの出稼ぎ坑夫のうちで最も多数を占め、山本作兵衛の炭坑記録画にも、坑内で係員に広島弁で話しかけ、とまどわせているユーモラスな場面が描かれている。

炭坑社会はまさしく各地からの出稼ぎ人の集合体であった。明治二十年代後半（十九世紀末）から石炭輸送を岡蒸気（鉄道）に奪われた川舟船頭たちも坑夫に転向した。何れも農村共同体の格式や規制のルールから離脱してきた自由人たちだった。暗い地の底での労働は過酷で、しかも、落盤、ガス爆発、水害など、生と死が裏腹の危険に満ちたもので、その上、頭領、小頭たちの労働、生活両面にわたるみかじめにも厳しいものがあった。しかし、境遇を同じくするもの同士が、開放的で家族的な納屋（炭坑住宅）の生活を通して、それをしたたかな活力へと転化させた。

炭坑人に接していると、その粗暴さと殺伐さが、実は一種独特の活力と淡白さの現れであることに気づく。ことに当たってはたじろかず、得た金は気前よく散じてしまう自由奔放さが彼らの信条だった。

バクチにゃ目がでず　切羽《きりは》にゃなぐれ（よい炭層にはめぐり合わず）
二足草鞋《わらじ》で　遠賀下り

労働条件の悪い炭坑にめぐり合い、ケツワリ（ヤマを逃げ出すこと）をして遠賀川沿いの小山を転々とする、というのであるが、つまずけばつまずいたで何とかなるという、あきらめのよさがあった。誰が言い始めたのか「川筋気質」。

高野江基太郎は『筑豊炭礦誌』に、この川筋気質を次のように言い表している。

「曰く素朴、曰く堅忍、曰く雄大、曰く仁恵、此の如き文字は皆遠賀川系の人物に対し其の一般の評語として何れも適切ならざるはなし」

筑豊炭田草創期の開拓者たちのバイタリティに溢れた理想的側面をさしている。

一方、粗暴で衝動的、前近代的な義理人情と任侠を悪しき遺産として忌避する傾向もある。石炭産業華やかなりし頃の筑豊および筑豊人のイメージを払拭しようとする風潮も見られる。

しかし、筑豊が石炭鉱業の発展段階で生じた歴史的地域概念であるのなら、石炭鉱業とともに発生した〝川筋気質〟も新しい地域的気風で、その新しい気風が、これまでの農業を主軸に生活が営まれてきた伝統的な村落共同体の気風、慣習をその中に包み込んで、地域の支配的な気風を作り出したと言えよう。

「幸福の黄色いハンカチ」の島勇作も、まさしくその筑豊人の一人であった。

山本作兵衛さんと炭坑画

（一）

筑豊のイメージを暗いものにしたのは土門拳と上野英信と山本作兵衛だという声を聞いたことがある。写真集『筑豊のこどもたち』、ルポルタージュ『追われゆく坑夫たち』、それに山本作兵衛さんの炭坑画を指してのことであろうが、単純に同じ目線で見てしまうとそうなるかもしれない。しかし、三人三様、それぞれに異なった動機、意図、視点がある。それらを度外視して、〝暗い〟というイメージで一括りにしてしまうのはいかがなものであろうか。

一九五〇年代後半に始まるいわゆるエネルギー革命、石炭から石油への転換によって筑豊の炭鉱は〝なだれ閉山〟に追い込まれた。『筑豊のこどもたち』は、その閉山地帯で弊履《へいり》のごとく捨てられた大量の炭鉱離職者とその家族にレンズを向けている。写真という媒体のもつリアリティが痛い程その惨状を伝えている。〝暗さ〟は、経済的効率を優先する国の石炭鉱業合理化政策と、何らの対策を講じないままヒトを切り捨てた炭鉱経営者に対する憤りの深さと受け取れる。

『追われゆく坑夫たち』は、坑夫の証言を通して、中小炭坑の過酷な労働と搾取《さくしゅ》と圧制をあくなき執念で追い求めている。利潤追及のためには、炭坑《ヤマ》で働く労働者を消耗品扱いにし、ヒトをヒトとも思わぬ苛斂《かれん》誅求《ちゅうきゅう》を加える経営者への怒りが、暗い地の底の労働と増幅して伝わってくる。克明なフィールドワークが抜群の説得力を発揮している。

土門・上野両氏とも、炭鉱労働者の側に立って、支配層の無策と不条理に鋭いメスを当てているが、違いと言えば、前者は国策による炭鉱閉山後の旧産炭地の惨状に、後者は中小炭鉱経営者の坑夫に対する圧制に焦点を置いていることである。いずれにしても〝暗さ〟は避けられない。むしろ〝暗さ〟からほとばしり出る〝憤り〟こそが二人の意図であった。

山本作兵衛さんの場合には動機が違う。自筆の年譜には次のように認《したた》められている。

「ヤマは消えゆく、筑豊五百二十四のボタ山は残る。やがて私も余白は少ない。孫たちにヤマの生活やヤマの作業や人情を書き残しておこうと思い立った。文章で書くのがてっとり早いが年数がたつと読みもせず掃除の時に捨てられるかもしれず、絵であれば一寸見ただけで判るので、絵に描いておくことにした。只、たどたどしい記録というだけのもので、絵という程のものではないかも知れない。しかし、嘘を一寸でも描くことが嫌いだから、尚更描きにくかった。」

消えゆくものへの愛惜である。

現在、田川市石炭・歴史博物館には、作兵衛さんの描いた初期の墨絵三百六枚と彩色画二百七十五枚、合計五百八十四枚の炭坑記録画が収蔵されている。初期の墨絵に彩色を施したものも混じっているが、これらが現存する作兵衛画のモチーフの大部分かと思われる。

坑内・坑外労働、労務管理、落盤・ガス爆発・出水事故などの坑内災害、喧嘩・リンチ、ケツワリ(逃亡)、坑夫の生活、俗信・縁起、施設・道具・器具類、子供の遊び、ヤマの訪問者(芸人・行商人)、米騒動ほかの出来事などが、精緻な筆使いで描かれている。一口に言って、忠実な描写で終始している。『追われゆく坑夫たち』で憤りの対象とされていた、この世のものとは思われない劣悪な労働条件、過酷な労働と搾取、暴力的な支配・管理なども、何らの感情を混じえず、淡々と客観的な視野で捉えている。

作兵衛さんは、自分の経験した炭鉱社会のすべてを書き残したかっただけである。作兵衛さんのライフヒストリーとも言える。初めは文章で書いた。それが絵になった。絵だけでは足りなくて、絵の余白に記憶のあるだけを書き込んだ。作兵衛さん独特の炭坑記録画が生まれた。描きたくてたまらなくて描いた。そういうときは、えてして、過去の辛くて暗い思い出は捨象されてしまうものである。

（二）

山本作兵衛は、明治二十五（一八九二）年五月、福岡県嘉穂郡笠松村鶴三緒（現・飯塚市）に生まれた。父は遠賀川の川舟船頭であったが、石炭輸送が鉄道へと転換したため、川舟に見切りをつけて炭坑夫となり、明治三十二（一八九五）年、一家ともども上三緒炭坑に移住、小学二年生であった作兵衛もその年から坑内に下がり、兄とともに炭車押しなどで家計を助けながら小学校を卒業した。

坑夫生活の始まりは、嘉穂郡の山内《さんない》炭坑に坑内夫として入坑した明治三十九（一九〇六）年六月で、数え年十五歳の時だった。当時嘉穂郡には四十八の炭鉱があったが、そのうち十二の中小炭鉱を二十一回も転々としながら、昭和十五（一九四〇）年、最後の職場となった田川郡猪位金村（現・田川市）の長尾鉱業所位登炭坑に移り、昭和三十（一九五五）年一月、閉山で離職した。その間約五十年、名実ともに明治・大正・昭和の三時代にわたり、筑豊における石炭鉱業の歴史を生きて来た。

生まれつき絵を描くことが好きだった。小学生の頃は、節供人形を写生したり、源平合戦の絵本

を描いたりした。少年時代には、一時期福岡市のペンキ屋に弟子入りして看板描きをしたこともあったが、結局は家庭の都合で父や兄のいる炭坑に戻り、坑夫生活を続けることになる。

「この頃以来、絵筆を握ることはなかった。しかしその間、絵筆を握らざるといえども私の右手が踊っていた事は言うまでもない。手紙でも日記でも余白さえあれば何か字以外のものを書いていた。」（「自筆年譜」）。

炭坑労働が絵を描く余裕を与えなかったということであろうか。しかし彼は、その満たされぬ欲求を、文字による記録に求めている。遺品には、通称「山本作兵衛ノート」と呼ばれている大学ノート六冊に書かれた炭坑関係の記録のほかに、大小不揃いの手帳・雑記帳に記された日記・覚書の類が数多く残されている。これらには坑夫時代、退職後を通じて、身辺雑事・社会的事象・雑学的知識が手当たり次第に書き込まれており、余白には、人物・風景・動植物・炭坑画などさまざまなデッサンが描かれている。まさに知識欲の固まり、〝記録の虫〟という表現が当てはまる。「作兵衛ノート」は、位登炭坑在勤中にまとめたものであるが、これがもっとも詳細を極めており、作兵衛画のモティーフもここから生まれている。

山本作兵衛が四十年の空白を経て、炭坑記録画に筆を取ったのは、位登炭坑を閉山によって解雇された翌々年の昭和三十二（一九五七）年、田川市弓削田の長尾鉱業所本事務所の夜警を勤めるようになってからのことである。

作兵衛の記録画が長尾社長の目にとまったのが昭和三十六（一九六一）年冬のこと。作品はその時約二百二十枚に達していた。中小炭鉱の鉱主仲間で、出版の計画が進められ、昭和三十八（一九六三）年、『明治・大正炭坑絵巻』が出版された。

折から筑豊の炭鉱が〝なだれ閉山〟を起している最中であった。田川市立図書館で「炭鉱資料を集める運動」を行っていた永末十四雄から、墨絵に彩色を施してほしいとの依頼を受けた。墨絵の時にも、「私の絵には一つだけ嘘があります。坑内は真っ暗で、カンテラの明かりだけではこんなに明るくは見えません」と言っていた作兵衛である。当然彩色にはためらいがあった筈である。しかし、結局は二百七十余枚もの彩色画を図書館に寄贈している。採炭夫の刺青《いれずみ》も色鮮やかである。女坑夫のマブベコ（坑内でつける腰巻）も絣模様の質感が浮き出ている。〝暗さ〟にさえこだわらなければ、この方がよほど真実性を帯びてくる。そう思い直したのかどうか、その後の作兵衛画はすべてが彩色画である。

この類まれな炭坑記録画は、昭和四十八（一九七三）年、『山本作兵衛画文　筑豊炭坑繪巻』として出版された。一地方出版社が発行した無名の老炭坑夫の作品集としては、異例といっていいほどの反響を呼んだ。

作兵衛画以外に、これほどトータルに炭坑労働、炭坑社会を描き、これほどストレートに炭坑のイメージを伝えるものはなかった。石炭または炭坑のことに触れた出版物には、作兵衛画がしばしば挿絵として登場している。炭坑をテーマにした展覧会でも作兵衛画は欠かせぬ展示物になっている。

無欲で、ただ絵を描くことが好きだった作兵衛は、その後も誰彼となく頼まれれば絵筆を執っていた。昭和五十九（一九八四）年十二月十九日、九十二歳の生涯を閉じるまで。

（三）

平成十四（二〇〇二）年一月、北海道釧路の太平洋炭礦が閉山した。日本からすべての炭鉱が姿を消した。また一つ、唯一自前のエネルギー源というかけがえのないものが、経済的効率の名のもとに切り捨てられた。石炭鉱業の歴史は浅かったが、日本の近代化に果たした役割は大きかった。農山漁村のいずれとも異なる生産構造のもとに、独自の生活環境が形成されていた。そこには、当然のことながら〝炭坑民俗〟といえるものが生まれていた。山本作兵衛の炭坑記録画は、その炭坑民俗を克明に描いた貴重な資料である。

唐津下罪人《げざいにん》のスラ曳く姿
江戸の絵描きも描きゃきらぬ

という坑内仕事唄がある。下罪人は囚人を意味する賤称で、暗い地底での過酷な労働を歌ったものである。しかし私には、「江戸の絵描きも描きゃきらぬ」は、坑内の複雑多様な構造や作業を絵で表現する事は至難のことという実感が先立つ。作兵衛画の「坑内労働」を描いた絵を見てのことである。

地下に埋蔵されている石炭は層を成している。厚い炭層、薄い炭層、固い岩盤に挟まれている炭層、天井の落下しやすい炭層、傾斜角度の異なる炭層、形状はさまざまである。石炭にも、硬くて良質のもの、柔らかくて脆いもの、完全に石炭になりきっていないボタなどがある。それぞれに応じた採掘技術が工夫されて来た。作兵衛画には初期の手掘り採炭から、大正・昭和期の機械採炭までが描き分けられている。掘った石炭を坑口まで運び出す運搬法も、スラ（そり）、セナ（背負う）から、炭車（トロッコ）押し、捲上機による搬出へと移り変わっている。坑内労働に欠かせない通気・排水、もっとも恐れられていた落盤、炭塵・ガス爆発、出水事故などの坑内災害もくまなく記録されている。

中小炭鉱で女坑夫の果たした役割も大きかった。切羽（採掘現場）でツルハシを振るうのは先山《さきやま》と呼ばれる男、先山の手助けをしたり、掘った石炭を運び出すのは後山《あとやま》とか後向《あとむ》きと呼ばれて多くは女だった。坑外で石炭とボタを選り分ける選炭作業も女の仕事だった。坑内で働くときは上半身裸体で、マブベコと呼ぶ膝までの後ろが少し長くなっている腰巻をつけていた。炭坑の仕事着である。

男の仕事着は褌《ふんどし》一本。その中で目立ったのが棹取《さおと》り（トロッコを操作する運搬夫）の伊達姿。作兵

衛画には次のような書き込みがある。

さても棹取乗回し、その扮装《オメカシ》を御覧じませ。当時のヤマの乙女たちは、この姿を一目見染めて恍惚と、恋に心は搔乱れ、狂う者さえおったと云う。先《まず》、白布でウシロ鉢巻、目のつる如く締め、赤色の胴巻きにはケバケバしいズボン釣、新調のシャツにズボン、紺の脚絆に足袋、特製草鞋をしっかと踏しめ、磨き真鍮のカンテラ、金色に輝くテラシをつけ小鳥のようにちょいととびのる。艶と粋。

紙芝居の口上まがいの解説である。ユーモア混じりに、農耕・漁撈などとは全く異質の石炭生産が鮮明な姿を現している。

労働だけではない。納屋と呼ばれた長屋形式の住居における坑夫の日常生活にも、「炭坑社会」独特の習俗があった。それらにも目が注がれている。

炭坑民俗のなかで、特に目立つのが禁忌や俗信。生と死が裏腹の坑内労働だけに、些細なことにも縁起をかつぐ。作兵衛画には、炭坑社会でタブーとされていたものが数多く取り上げられている。
・朝飯に味噌汁をかけて食べるものではない。仕事にミソがつく。
・坑内で口笛を吹いてはならない。事故の時に竹笛を吹き鳴らして知らせていたから。
・坑内では拍手を禁じる。重圧で支柱が折れる時のキシム音が聞こえないから。
・坑内で頬被りをしてはならない。同じく柱のキシム音が聞こえないから。
・坑内で女が髪をとき梳《くしけず》ってはならない。山の神の怒りをかう。
・家の者が入坑しているときは、家でイリモノをしてはならない。坑内でやけどをする。
・猿が来るのを嫌う。猿は去るに通じるから。
・犬殺しにあうのを嫌う。犬は山の神の使わしめだから。
呪《まじな》いでは、
・坑内に入る時はクドの煤を額につけて、三宝荒神に安全を祈る。
・坑内で死者が出た時、その魂が地底に残らぬよう、引き上げるときに、死者の名を呼び、「アガリヨルゾー、今何片《なにかた》（坑道の位置）ゾー」と叫びながら運ぶ。坑口を出る時には一度止まって、坑口に貼ってある山の神のお札を外して坑外に出る。
予兆では、
・煙突の煙が二筋に分かれて出るのは災害の前兆。
・朝のカラス鳴きは悪いことの前兆。
などなどである。

いつぞや宮本常一さんから言われたことがある。「炭坑民俗を是非取り上げて欲しいものですな」。以後、そのことが気にかかりつつ怠っているが、資料だけはどうにか見当がついてきた。その中で、「山本作兵衛ノート」と「山本作兵衛炭坑記録画」は、まさに一等資料である。炭坑民俗の宝庫である。

「炭坑節CD」制作覚書

田川市石炭資料館で、炭坑節とその元唄を収録したCDを制作・頒布したところ、わずか二週間で一千部が売切れとなった。炭坑節もしくは民謡に対する関心の深さというよりも、私にはかつて炭坑で働いていた人たちの、炭坑に対する思い入れが痛いほど身に沁《し》みた。

現在、全国的な広がりで歌われている「炭坑節」。その元唄は、かつて日本の近代産業革命のエネルギー源となった石炭産業で、最大の出炭量を誇っていた福岡・筑豊地方の、三井田川鉱業所で炭坑労働者たちが歌っていた仕事唄であった。

炭坑の奥深い坑道の先端部にあたる切羽《きりは》で、採炭夫が炭層に向かってツルバシを振るいながら歌っていた採炭唄（ゴットン節、チョンコ節）、火薬を用いる発破《はっぱ》採炭でダイナマイトを詰める穴をタガネで掘るときに歌った石刀《せっとう》唄（マイト穴繰り唄）、石炭を積んだ炭車を坑底からロープで引き上げる時にロクロを回しながら歌われた南蛮《なんば》唄（捲き上げ唄）、坑内から出された炭塊から、石炭と不純物の混じったボタを選り分ける作業をする選炭婦の歌った選炭唄などがそれである。

昭和三十（一九五五）年代に田川市立図書館の永末十四雄さんがこれら炭坑の仕事唄を録音テープに収録してくれていた。それを編集するのに、繰り返し繰り返しテープを回しながら、暗い地の底でツルハシを振るっている採炭夫の姿や、地上で石炭とボタを選り分ける作業をしている選炭婦の手さばきが、鮮やかに脳裏に浮かんで来た。

その時、これが本当の民謡だと思った。

民謡には作者がいない。いないというより判らないと言ったほうがいい。炭坑唄の場合、坑内や坑外の労働で、単調な動作の繰り返しの中から、自然と気を紛らわせるための唄が口ずさまれる。手の動きに合わせたリズムが生まれる。

柳田国男はこうした唄を自然歌謡と呼んだ。

労働の時間が長くなればなるほど、仕事の憂さをはらす唄、作業のつらさを歌った唄、恋人への想いをこめた唄、上役への不満をぶちまける唄に、どこかで聞いた唄が混じって延々と続く。

三井炭鉱の選炭婦　白い手拭い巻かぶり　鼻唄歌うて両替わり　電気の明かりでボタを選る（選炭唄）

唄でやらかせ　このくらいの仕事　仕事苦にして泣こよりも（石刀唄）

嫌な人繰り　邪険な勘場《かんば》　情け知らずの納屋頭《なやがしら》（採炭唄）

卸し底から吹いてくる風は　サマちゃん恋しと吹いてくる　（採炭唄）

咲いた桜に　なぜ駒つなぐ　駒が勇めば　花が散る　（石刀唄）

明治四十（一九〇七）年代から伊田町（のち後藤寺町と合併して田川市）で小学校の先生を勤めていた小野芳香さんが、大正九（一九二〇）年頃にこうした炭坑の仕事唄を百首以上も集めてくれていた。これらに目を通していると、「民謡は生活のうちからおのずと生まれ出た唄である。一人が作ったのではなく、共同の雰囲気の中で生まれたものである。作者がいないというのではないが、多くの場合作者がわからず、少なくとも作者は問題とされていない」（民謡覚書）と言った柳田国男のことばが改めて思い起こされた。そして、炭坑唄の場合、作者は炭坑の坑内、坑外で働いていた人々すべてであると言いたくなる。

昭和十四（一九三九）年に小野さんの案内で伊田坑の坑内に入り、十五曲の炭坑唄を採集した民謡研究家の町田嘉章（佳聲）さんは、炭坑唄の旋律には明治の中ごろに流行したラッパ節の節回しが入っていると言う。明治末から大正期にかけての演歌作者添田亜蟬坊は、炭坑節の「月が出た出た、月が出た」は、自分の作曲した「奈良丸くずし」の一節だと主張した。これらの流行唄《はやりうた》を取り入れたのも炭坑で働いていた人たちだった。仕事唄の性格を考えれば別に目くじらを立てることでもあるまい。

坑内、坑外の労働で仕事のうさをはらすために歌われていた唄が、仕事を終えたあと、町の酒場などで歌われる。仕事の苦痛をまぎらせるのに歌っていた唄が、歌って楽しむ唄になる。そうした席には必ず歌の上手がいる。やがて楽しむ唄から聞かせる唄が生まれてくる。町の酒場で歌われていた唄が、炭坑主たちによって料亭の座敷に持ち込まれると、今度はそれに芸妓さんの弾く三味線の伴奏が加わって、二上がり調の座敷唄になる。

昭和七（一九三二）年、後藤寺町検番の歌二さんら三人の芸妓さんが日東レコードに「炭坑歌」を吹き込んだ。田川の炭坑で歌われていた選炭歌を座敷唄にしたものだった。「お座敷炭坑唄」は同じころ伊田町検番でも歌われていたが、いつしか「炭坑節」と呼ばれるようになった。

炭坑節が爆発的に広まったのは戦後、「戦後の復興は石炭から」という国策に添って、この唄が毎日のようにラジオで放送され、その軽快なメロデイが一般に親しまれ、やがては盆踊りにまで歌われるようになった。

昭和二十三（一九四八）年には、田川郡川崎町出身の赤坂小梅さんが、コロンビアレコードに「正調炭鑛節」を吹き込み、昭和二十六（一九五一）年のNHK第一回「紅白歌合戦」でもそれが歌われた。

月が出た出た月が出た
三井炭鉱の上に出た
あんまり煙突が高いので
さぞやお月さんけむたかろ

サノヨイヨイ
香春岳から見下ろせば
　伊田の竪坑が真正面
十二時下がりのサマちゃん（恋人）が
　ケージにもたれて思案顔
　　サノヨイヨイ

小梅さんの故郷である田川の三井炭鉱、香春岳、伊田の竪坑とケージ（昇降機）を歌い込んだ「田川炭坑節」だった。

CDには、後藤寺町、伊田町（昭和十八年に合併して田川市）両検番（芸者置屋）で歌われていたお座敷炭坑節と、コロンビアレコードから出された赤坂小梅さんの「正調炭鉱節」に、その元唄となった炭坑の仕事唄十曲を収録した。

表題は「香春岳から見下ろせば―炭坑節の源流―」。昨今、民謡の変容・変質が著しいなかで、今一度その原点を問い直したいという思いがあった。

そうした中で、忘れてならないのが、炭坑閉山を間近かにした昭和三十年代、小野さんの業績を整理し、炭坑唄の貴重な録音を残してくれた永末十四雄さんの功績である。

永末さんが炭坑唄を録音テープに収録したのと同じ昭和三十年代、私も近隣の農村を巡って民謡の採集をしていた。お年寄りに集まっていただき、田植え唄、田の草取り唄、米搗き唄、臼摺り唄、麦打ち唄、味噌搗き唄、糸繰り唄、地搗き唄などの仕事唄から子守唄、童唄、盆踊り唄などをテープに収めた。農村の仕事唄も、単調な作業の憂さをはらすのに歌われたものだったが、すでに昭和の半ばともなれば、唄を歌いながら作業をするというような悠長さは失われていた。お年寄りたちの歌ってくれた唄は、すべて過去の記憶を辿っての唄だった。

そのうち、お年寄りの集まりに酒を持参する術《すべ》を会得した。一杯機嫌になると次から次へと唄が出てくる。そのときすでに、仕事の苦痛をまぎらせる唄が、みんなで歌って楽しむ唄になっていた。座敷唄も結構歌われた。しかし、その頃までは、まだ民謡は生きていた。

民謡が崩れ始めたのは、それがコンクールで歌われるようになってからのこと。NHKのど自慢で鉦《かね》を鳴らすためには、よりよく聞かせなければならない。歌い方にさまざまな技巧が加わる。そのうちに専門の民謡歌手が現れ、やがてテレビ番組に民謡ショーが登場すると、見せる番組にするために、さまざまな付加価値が加わる。元唄に編曲の手が加わり、作詞・作曲者のある唄が、民謡「正調何々節」として歌われる。生活を実感させる仕事唄が影を潜め、自然歌謡が創作歌謡に変質してしまったのを見るにつけ、「民謡は滅びた」という思いがつのってくる。いま「民謡」として歌われているのは、民謡でも何でもない〝民謡風歌謡曲〟に過ぎない。

そうした折、今回のCD制作をニュース番組に取上げてくれたある民放局のプロデューサーが、「唄の原点を見た」と洩らしたというのを聞いて、ようやく心の和むのを覚えた。

あとがき

自分史は書きたくないと思ってきた。記憶にはムラがあるし、追憶はノスタルジックな陶酔に陥りやすい。若い頃の日誌を繰って見ると、未熟だった自分が目につく。それらが追憶の中ではすべて捨象され、無意識のうちに自分を美化しようとしているのに気がつく。そういう自分がたまらなくいやになる。せめて日誌が欠かさずに続いていれば、記録をもとにした客観的な視野からの自分史が書けたかも知れないが、その日誌も手帳の簡単なメモを除いて三十歳代から五十歳代初期までが欠落しており、その後もメモが詳しくなった程度にとどまっている。

それに換わるものとしてフィールドワークとそれを整理したカードがかなりの量になっている。フィールドワークに熱中し、フィールドノートの整理と報告書等の執筆に追われていたせいである。追憶でものを書きたくないといいながら、本書の表題を『野の記憶』としたのには二つの理由がある。一つは二〇〇五（平成十七）年十月の日本民俗学会年会の総合テーマが「野の学問とアカデミズム」で、民俗学の過去、現在、未来が論議の対象となったのに触発されたことと、いま一つは自分自身のこれまで続けてきた「野の学問」、フィールドワークを振り返りながら、それが未来へどのように繋がるのかを考え直してみたいと思ったからである。

調査カードに記録されているものを繰りながら、その都度感じたこと、気付いたことを書くのであれば「記憶」も単なる追憶ではなくなる。そこで、これまで雑誌などに書き散らしてきたものに最近の書き下ろしを含めて、一冊にまとめてみた。雑誌連載のものには、長期に亘っただけに発想にムラがあり一貫性を欠いているのが目に付くし、いざ筆を下ろしてみると、あれもこれもと書き加えたいものが浮かんでくる。しかし、いたずらに遷延させることは、この出版をお引き受け下さった弦書房の三原浩良代表のご好意に反することにもなろうかと、一応このあたりで筆を擱くことにした。

柳田国男の『民間伝承論』に目の採集、耳の採集、心の採集という言葉がある。見て、聞いて、その底に流れている人の心を知る事だと理解して来た。農山漁村を歩いて、それぞれの生活環境に生きている人々の、しきたりごととして何気なく行っていることの意味が、ようやくこの頃になって見え始めて来たような気がする。そこには文明社会・経済社会以前の、人間の生の姿がある。自然と共存するために生まれた共同体社会に身分や富の格差があり、秩序維持の必要から厳しい序列が設けられていたり、いまわしいものがある反面、お互いが過酷な自然条件のもとで生きてゆくための、農耕儀礼を軸とした真摯な神への祈り、弱い人間同士が肩を寄せ合いながら生きてゆく助け合いやいたわり、自給自足の中から生じた様々な生活の工夫など、すばらしいものが沢山ある。

民間伝承を尋ねることは、人間の生活の歴史を尋ねることである。私はかねがね、歴史を振り返ることは未来を志向することであると思って来た。「人と暮らしの原像」を尋ねることは、元・日本人を振り返ることであり、新・日本人のあるべき姿を探ることにも繋がると信じている。

二〇〇七年九月

佐々木哲哉

●初出一覧

第一章　野越え山越え

歩く、見る、知る　『道路建設』四九四号（日本道路建設業協会、一九八九年三月）
地名が語りかける　『道路建設』五二〇号（同、一九九一年五月）
消えゆく運搬具　『道路建設』五〇八号（同、一九九〇年五月）
路傍の神と仏たち　『道路建設』五三一号（同、一九九二年四月）

第二章　大地の恵み

種籾と穀霊と　『西日本文化』四一二号（西日本文化協会、二〇〇五年七月）
田の神様と山の神　『西日本文化』四一四号（同、二〇〇五年九月）
田植えと物忌み　『西日本文化』四二〇号（同、二〇〇六年三月）
土を育てる　『西日本文化』四一九号（同、二〇〇六年三月）

第三章　暮らしの歳時記

往く年、来る年　『西日本文化』三八八号（同、二〇〇三年一月）
小正月の粥　『朝日新聞』夕刊・文化欄（一九九〇年二月七日）
ダブリュウとカワントン　『西日本文化』三八五号（西日本文化協会、二〇〇二年一〇月）
七夕と盆　『資料館だより』四七号（豊津町歴史民俗資料館、一九九八年七月）
八朔のお節供　『資料館だより』四八号（豊津町歴史民俗資料館、一九九八年八月）

第四章　共同体の温もり

同じ窯の湯　『西日本文化』三七五号（西日本文化協会、二〇〇一年一〇月）
火種の家　『西日本文化』三七七号（同、二〇〇一年一二月）
炉端の暮らし　『西日本文化』三八〇号（同、二〇〇二年四月）
一人前の資格　『西日本文化』三七〇号（同、二〇〇一年四月）

次、三男たちの行方　『西日本文化』四二三号（二〇〇六年一〇月）
第五章　けがれときよめ
身心を清める　『西日本文化』三九〇号（二〇〇三年四月）
罪穢れ、災いを祓う　『西日本文化』三九〇号（二〇〇三年六月）
膚に刃物を当てない　『西日本文化』四一〇号（二〇〇五年四月）
第六章　祝い事と弔い事
婚礼の変質と共同体　書きおろし（二〇〇七年八月）
葬式組と野辺の送り　書きおろし（二〇〇七年八月）
贈答のしきたり　書きおろし（二〇〇七年九月）
第七章　ムラやマチの信仰行事
直会の酒　『西日本文化』二九八号（一九九四年一月）
杜と社とお旅所と　書きおろし（二〇〇七年八月）
博多の祭りと行事　『朝日新聞』連載『新はかた学』「町人の暮らしと文化」（一九九四年一～二月）
お籠もりと講　書きおろし（二〇〇七年六月）
雨乞い祈願　書きおろし（二〇〇七年四月）
第八章　旅する昔話、伝説
一夜の宿　『道路建設』五六三号（一九九四年一二月）
昔話の運搬者　『道路建設』五四七号（一九九三年八月）
愚か村話の功罪　『西日本文化』四一七号（一九七八年一二月）
犬三話　『西日本文化』四一七号（二〇〇六年一月）
第九章　生活の語り部たち
「そりゃあ日露戦争以後よの」　『西日本文化』三七四号（二〇〇一年八月）
荒神盲僧と荒神まつり　『西日本文化』三八二号（二〇〇二年六月）

「くずれ」と「豊後浄瑠璃」　『西日本文化』三八四号（二〇〇二年八月）
巡り会った語り部たち　書きおろし（二〇〇七年三月記）
第十章　炭坑に生きる
川筋気質　「炭坑社会のメンタリティ」（第五七回日本民俗学会年会発表より、二〇〇五年一〇月）
山本作兵衛さんと炭坑画　書きおろし（二〇〇六年一一月記）
「炭坑節ＣＤ」制作覚書　『西日本文化』三七二号（二〇〇一年六月）

佐々木哲哉（ささき・てつや）　大正12年（1923）台北市生れ。福岡第一師範学校卒。慶応義塾大学通信教育課程で池田弥三郎教授に師事、民俗学の道へ。小中高校で教鞭をとりながら「野越え、山越え」およそ50年余フィールド・ワークを続ける。福岡県文化財保護審議会専門委員、西南学院大学教授、田川市石炭資料館館長などを歴任。この間、英彦山の修験道調査やダム水没地域の民俗調査、文化庁委嘱の緊急民俗調査、市町村史編纂などに携わる。福岡市文化賞、福岡県文化賞などを受賞。

主な著書に『鳥栖の民俗』『田川市史民俗編』『福岡の民俗文化』『山岳宗教史研究叢書』（共著）など、他に共著、論文多数。

ダムで水没するムラの調査で古老の話に耳を傾ける著者（福岡県添田町津野、著者41歳）

野《の》の記憶《きおく》

——人《ひと》と暮《く》らしの原像《げんぞう》

二〇〇七年一二月一日発行

著　者　佐々木哲哉《ささきてつや》

発行者　三原浩良

発行所　弦　書　房

（〒810-0041）
福岡市中央区大名二―二―四三
ELK大名ビル三〇一
電　話　〇九二・七二六・九八八五
FAX　〇九二・七二六・九八八六

印刷　九州電算株式会社
製本　篠原製本株式会社

ISBN978-4-902116-93-9　C0036